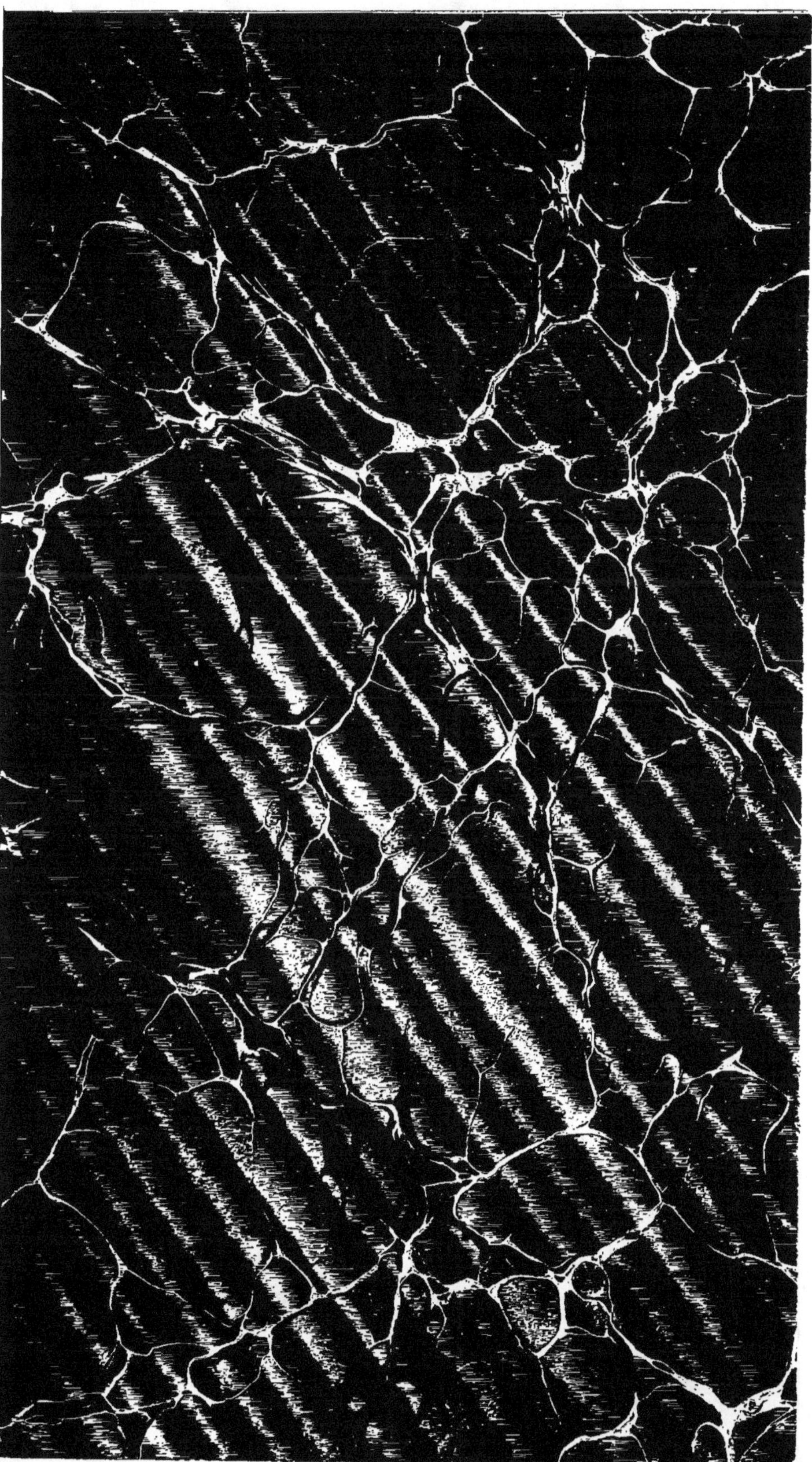

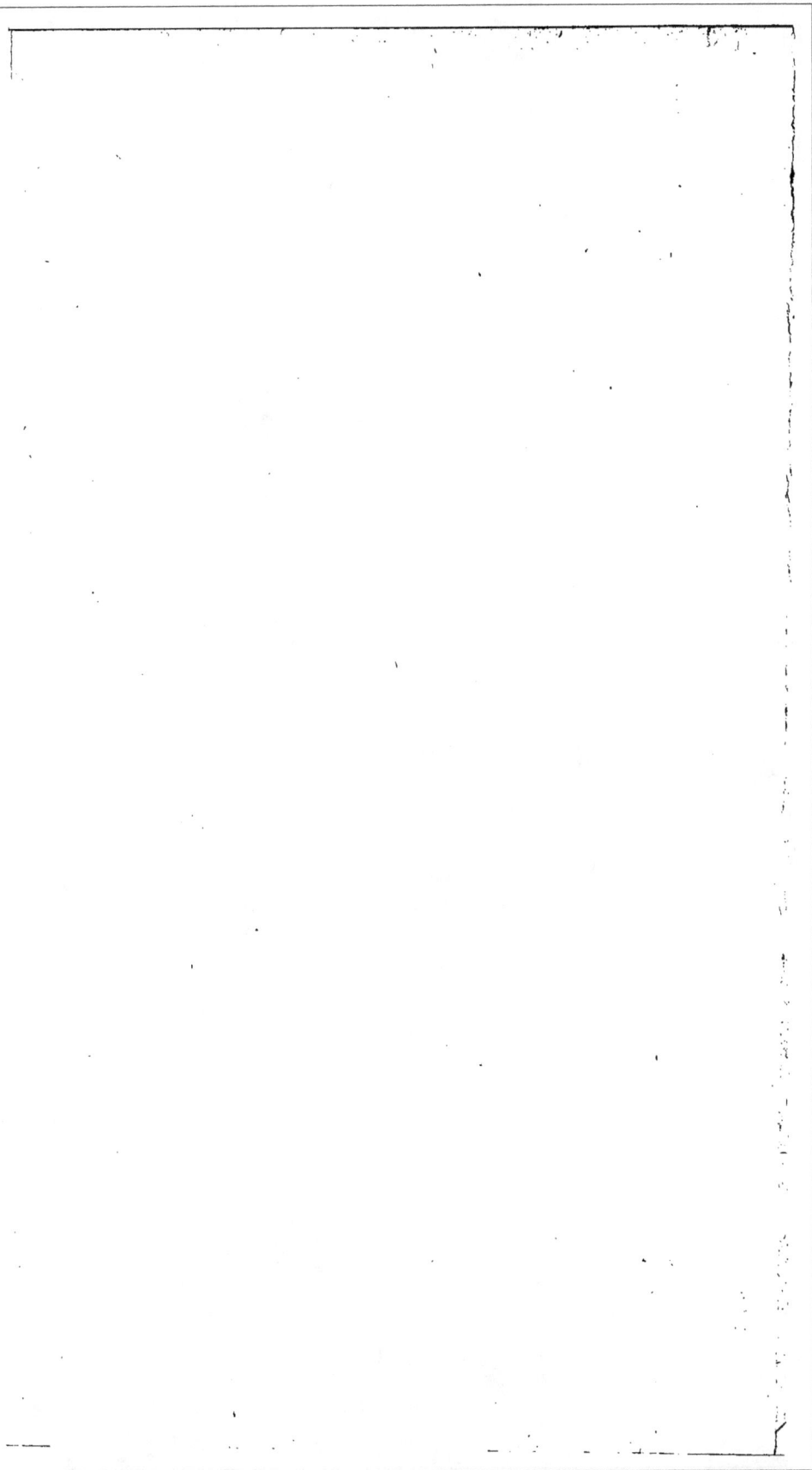

CONSIDÉRATIONS

D'ÉCONOMIE PUBLIQUE

SUR LE COMMERCE DES GRAINS.

À CHATEAU-THIERRY, IMPRIMERIE DE DESROLLES, RUE DE SOISSONS.

CONSIDERATIONS

D'ÉCONOMIE PUBLIQUE

SUR LE COMMERCE DES GRAINS,

OU MOYENS

DE CONCILIER LES INTÉRÊTS DE L'ÉTAT, DES PROPRIÉTAIRES ET DU PEUPLE, AVEC CEUX DU COMMERCE.

PAR M. D. Z.

> O fortunatos nimiùm, sua si bona nôrint,
> *Virg. Georg. Lib.* II.

A PARIS,

CHEZ DELAUNAY, LIBRAIRE,

AU PALAIS ROYAL, N° 243.

DÉCEMBRE M. DCCC. XXII.

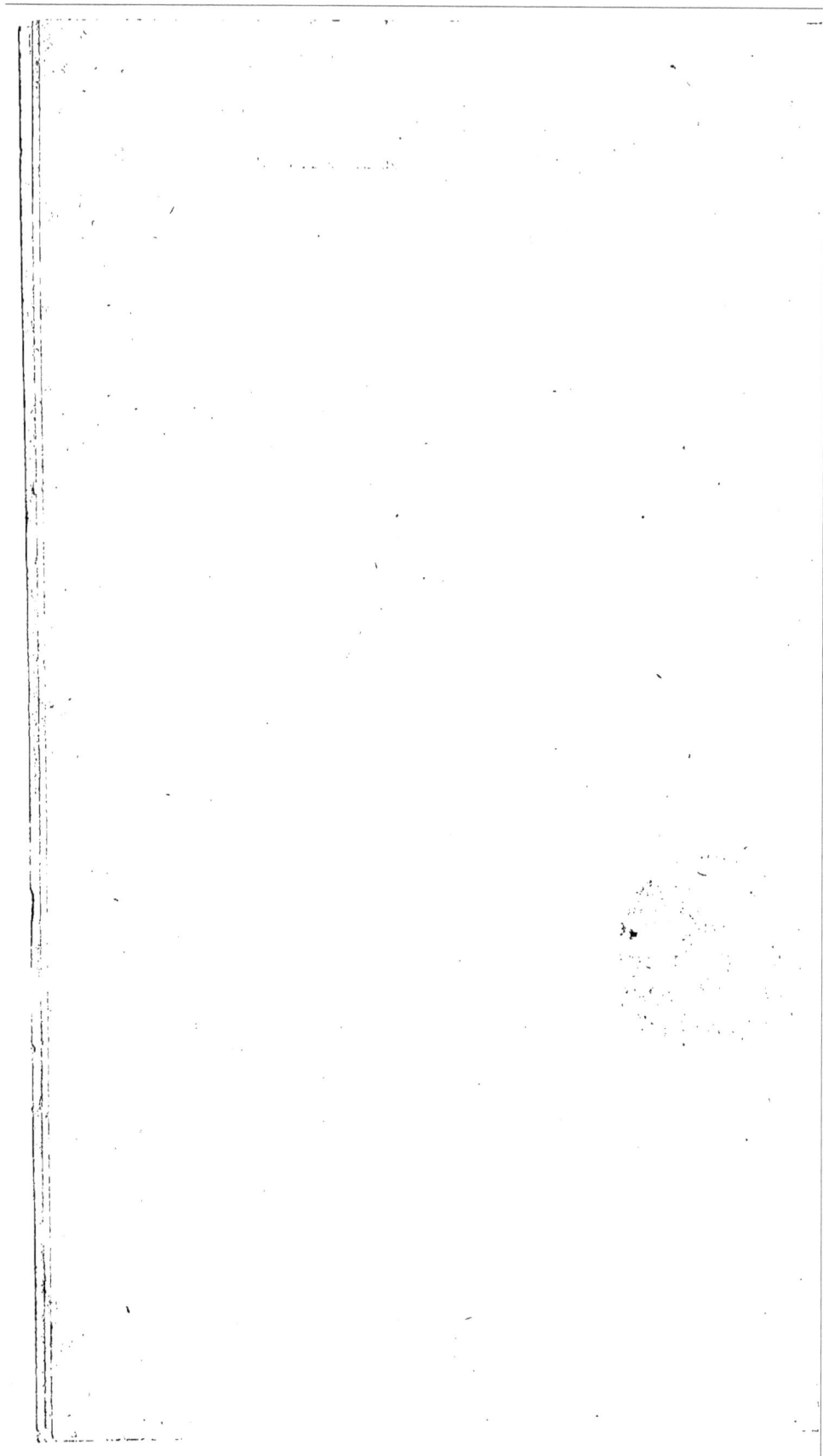

INTRODUCTION.

Le triste souvenir de la disette de 1817, et la surabondance actuelle des blés, dont le bas prix est si contraire à la prospérité de l'agriculture, doivent, suivant M. Laboulinière, Sous-Préfet d'Étampes, auteur d'un ouvrage estimé et récemment publié, concernant cette partie des subsistances, « réveiller nécessairement l'attention publique et la sollicitude paternelle de notre Souverain, » sur la grande question du commerce des grains, qui a été traitée par tant d'hommes marquans du siècle dernier.

On s'est plaint dans tous les temps, comme aujourd'hui, de l'insuffisance de la législation sur les grains. Les lois qui régissent cette matière, après avoir prescrit à différentes époques, d'inutiles et dangereuses mesures, pour ou contre l'exportation et l'importation, n'ont fait que nous démontrer l'impuissance des divers systèmes des économistes, successivement mis en pratique sous tous les Gouvernemens antérieurs. (1)

Jusqu'à présent, l'application de ces fausses théories nous a trop souvent appris, à nos dépens, qu'elle ne pouvait nous débarasser de notre superflu, sans ramener les disettes et le monopole, ni prévenir les disettes, sans

(1) Voyez à la fin de ce volume, le premier document tiré de l'ouvrage de M. Laboulinière, sur l'ancienne législation des grains en France.

ruiner les propriétaires et l'agriculture par l'excessive abondance de cette denrée. Cette alternative désespérante dans laquelle nous retombons sans cesse, doit nous faire désirer de voir enfin la solution de ce problème d'économie politique, qui parait si difficile à résoudre.

La France étant une forte puissance continentale et maritime, ne peut se passer d'une loi sur les blés, qui anéantisse les disettes et la surabondance, ces deux fléaux de l'humanité et de l'agriculture.

Ses ports sur l'Océan et la Méditerranée, protégés par ceux de Brest et Toulon, ses fleuves, ses rivières, ses canaux, qui arrosent en tous sens son fertile territoire, et unissent les deux mers, ses quatre cents lieues de côtes et ses trente millions d'habitans dont le nombre tend à s'augmenter chaque jour, doivent la déterminer à déraciner ces deux germes de destruction qu'elle renferme dans son sein.

Les Asssemblées législatives ont exprimé leurs vœux à cet égard en 1821, à la fin de leur session; la Chambre des députés s'en est expliquée d'une manière directe et positive, dans la réponse qu'elle a faite au discours du Roi, pour l'ouverture de la session de 1821 à 1822. Ce désir se trouve spécialement exprimé dans son adresse, votée le 26 novembre 1821.

Les Conseils généraux de départemens ont sans doute aussi fait connaître au Gouvernement ce souhait de la France entière, sur la nécessité d'une loi, qui, en respectant la liberté du commerce des grains, et en ménageant tous les intérêts, nous préserve du retour de la famine ou de la surabondance. S'ils avaient omis d'indiquer ce besoin, le droit de nature ainsi que le bien public, réclameraient contre cet oubli, et n'en imposeraient pas moins l'indispensable obligation d'assurer l'existence du peuple, et de détruire la disette, le plus terrible ennemi du genre humain.

D'aussi puissans motifs m'ont déterminé à faire réimprimer un ouvrage composé par mon père, avant la révolution, sur cet intéressant sujet.

En abordant une question aussi grave, et dont l'examen a fait éclore tant de systèmes différens, je ne cherche pas à plaire, mais à être utile. Heureux si, après avoir servi long-temps ma patrie dans les armées françaises, je pouvais être à même de rendre, par cette publication, un service important à mon pays, et de faire payer à la mémoire de mon père un juste tribut d'éloges.

Cet ouvrage, imprimé à Londres en 1782, ne parut que dans les commencemens de la Révolution. Le lecteur, en reconnaissant la vérité des raisonnemens sur lesquels il est fondé, y trouvera sans doute quelques idées, qui ne sont plus en rapport avec le moment présent.

Il est bon d'observer qu'à cette époque la direction générale des esprits, tendant plutôt à détruire qu'à édifier, le Gouvernement n'y apporta pas l'attention que méritait un pareil sujet. Cependant la France éprouvait alors une disette affreuse, qui nous amena les malheureuses journées des cinq et six octobre. Celles qui se sont succédées depuis pendant le cours de la révolution ont même jetté l'effroi parmi les Représentans du peuple, et l'on sait que l'un d'eux (le Député Feraud) fut assassiné pour cette cause, au milieu de ses collègues, à la suite d'une émeute populaire, dans le lieu même de leurs séances.

Ce trait remarquable des troubles révolutionnaires ne semble-t-il pas nous montrer le peuple se vengeant sur ses Représentans de leur cruelle imprévoyance?

Je pourrais également citer parmi tant d'autres faits, plus ou moins fâcheux, le pillage des blés à Château-Thierry, dont cette ville fut témoin pendant la dernière disette de 1817, qui a coûté bien des millions au Gouvernement, dans l'intention de distribuer des secours aux malheureux. Cette révolte pouvait avoir des suites graves, sans un régiment d'infanterie de la garde royale et un détachement de cavalerie arrivés à temps de Soissons pour rétablir l'ordre.

Resterons-nous toujours indifférens sur des événemens aussi déplorables? Est-il donc impossible de remédier au mal que nous font les disettes d'une part, et la surabondance de l'autre, et n'existe-t-il aucuns moyens pour nous empêcher de retomber continuellement de Carybde en Scylla?

Je crois pouvoir indiquer la solution de ce problème par la publication de l'ouvrage qu'on va lire, dans lequel l'auteur, après avoir exposé les raisons contradictoires qui divisaient les économistes de son temps, sur l'exportation et l'importation des grains, soutient dans un système opposé, que l'État, particulièrement intéressé à veiller à la tranquillité et au bien-être général, est seul à même de lutter avec avantage contre les disettes, le monopole et la surabondance.

Il pose en principe, comme M. Laboulinière, « qu'il » n'appartient qu'au Souverain d'une grande nation, » telle que la nôtre, d'assurer comme une sèconde » Providence, l'existence de ses sujets, par une loi » fondamentale, que son Gouvernement doit provo- » quer, étant seul apte à prévoir et pourvoir complé- » tement. »

Je préviens comme lui qu'il n'est nullement question dans l'ouvrage que j'annonce, « de monopole pu- » blic, ni d'établissement de régie salariée ou inté- » ressée, encore moins de compagnie exclusive ou » simplement favorisée. »

L'auteur a trouvé le moyen de concilier les intérêts les plus opposés. Il assure en premier lieu, celui de l'État qui ne peut avoir de sécurité, si la pénurie des subsistances se fait sentir; ensuite celui des propriétaires, des cultivateurs et de l'agriculture pour qui le renchérissement des grains est un bien-être nécessaire; puis, celui du peuple qui voudrait au contraire voir cette denrée de première nécessité, au-dessous de son prix naturel, et enfin, celui du commerce, qui réclame une liberté indéfinie, tant pour l'exportation que pour l'importation.

Il demande, pour satisfaire tant de prétentions opposées, et cette multiplicité d'intérêts divers, des approvisionnemens dictés par la prudence et dispensés avec sagesse. Il soutient avec raison que sans l'adoption de cette mesure préservative, il est impossible qu'il n'existe pas toujours une partie souffrante dans l'État, et il le prouve par le dilemme suivant : Ou les blés sont chers, ou ils sont à bas prix. S'ils sont chers, l'homme de peine, le journalier, l'habitant des villes, l'ouvrier des manufactures, enfin, tout ce qui n'est pas propriétaire ou cultivateur, souffre, et la main-d'œuvre renchérit. S'ils sont à bas prix, le laboureur, si utile à la société, tombe dans l'indigence, les propriétaires sont mal payés, l'agriculture languit, on sollicite l'exportation pour nous débarasser de la surabondance des blés; si le Gouvernement la permet, peu de temps après, le renchérissement amène la disette, et menace l'Etat de maux incalculables. Alors, pour secourir le peuple et assurer sa subsistance, le ministère se voit forcé de porter au dehors, comme il l'a fait tant de fois et tout récemment encore, des sommes considérables, que l'on peut, sans exagération, évaluer à cinquante millions et plus de notre monnaie, pour racheter et réimporter les grains qu'il a permis de vendre. Mais en pareil cas, le défaut de transport, les difficultés et la lenteur du retour, en remontant nos fleuves et nos rivières, rendent presque inutiles de pareils secours qui n'arrivent le plus souvent qu'après l'époque du danger. (1)

Tel a toujours été, et tel est encore aujourd'hui, en dépit des économistes, et de leurs systèmes, le funeste résultat de la législation actuelle sur les grains, qu'il est nécessaire de modifier sous le régime paternel de la monarchie constitutionnelle.

A peine l'exportation est-elle ouverte que les capitalistes étrangers s'empressent de nous enlever une denrée aussi précieuse, dont ils sentent fort-bien qu'une population comme la nôtre aura besoin peu de mois après, afin de nous la revendre au plus haut prix possible.

Ne comprendra-t-on jamais, dit l'auteur, tout le danger de se livrer à l'exportation, dans une monarchie aussi étendue, si on n'a pas assuré préalablement l'existence du peuple par des approvisionnemens; la permettre, c'est ramener la disette et favoriser le monopole; la défendre, c'est ruiner l'agriculture, et renoncer aux bénéfices que ce commerce peut nous offrir.

---

(1) L'importation faite en 1817, en temps utile n'a fourni tout au plus que 2,500, 000 hectolitres de grains de toute espèce; une partie était encore à Odessa en janvier 1818. (Premier rapport de M. Lainé, ministre de l'intérieur, au Roi, page 22.)

Comment, dès la première famine qui s'est fait sentir en France, n'a-t-on pas été frappé de la nécessité d'établir des magasins de blés, dans les années d'abondance? L'histoire n'accuse-t-elle pas notre imprévoyance, en nous mettant sous les yeux le tableau hideux de nos disettes, et de celle entr'autres qui a duré trois années de suite sous le règne de Henry premier, pendant laquelle le peuple, pour se rassasier, allait déterrer les cadavres de ceux qui étaient morts d'inanition.

Depuis cette fatale époque, a-t-on bien réellement cherché les moyens de nous préserver d'une calamité semblable; et pourquoi voyons-nous encore reparaître si souvent ce redoutable ennemi de l'humanité? Notre orgueil philosophique devrait être très-humilié de voir l'instinct d'un insecte l'emporter sur notre brillante raison. Nous nous plaignons en ce moment de la surabondance générale des grains qui fait tort à l'agriculture, et dans peu d'années peut-être serons-nous exposés à périr de faim.

L'Être-Suprême ne nous trace-t-il pas dans l'écriture sainte, la conduite que nous devrions tenir sur l'administration de nos blés? N'est-il pas temps enfin de mettre à profit cette belle leçon d'économie politique qu'il nous donne, en nous empressant d'imiter le sublime exemple de Joseph, ce sage et vertueux ministre de Pharaon?

L'auteur, en traitant ce sujet, n'a pas cru devoir

s'étendre minutieusement sur le placement, le nombre et la manière de construire les greniers d'abondance qu'il proposait d'établir dans son système, et dont l'origine remonte au premier temps de la civilisation. Il a négligé également de parler des frais d'emmagasinement, de gestion et de circulation, qu'on affecte de porter si haut. Cette omission va m'obliger d'entrer dans quelques explications, afin d'applanir comme je l'espère, toutes les difficultés de détail que les économistes nous opposent sans cesse, et qu'ils regardent comme impossible à surmonter.

Mon père pensait en 1782, qu'on pouvait trouver des greniers tous faits, dans les maisons religieuses, pour y emmagasiner les blés de l'État, en sorte que ces greniers publics n'auraient rien coûté. Il réfutait ainsi une des objections principales, qu'on faisait de son temps en exagérant la dépense de leur construction; Mais aujourd'hui toutes les maisons religieuses étant ou démolies ou vendues, il faut faire en sorte d'élever à peu de frais et sans qu'il en coûte rien au Gouvernement ces greniers, dont l'utilité générale sera clairement démontrée quand on aura lu son ouvrage.

Avant d'entrer en matière, je vais faire connaître succinctement et adapter à la charte qui est notre boussole, l'ensemble du système de l'auteur, qui tend à nous diriger prudemment sur un point si important, en nous faisant éviter la disette et la surabondance, ces véritables écueils, entre lesquels nous n'avons pu jusqu'à présent nous frayer un passage.

Ce moyen consiste à mettre le Roi, comme père de ses sujets, à même d'assurer leur existence, par une loi qui suspende provisoirement, dans tout le royaume, l'exportation et l'importation des grains. Pour remédier à la surabondance, suite nécessaire de cette mesure, il sera établi des greniers publics dans les chefs-lieux d'arrondissement, pour y emmagasiner des approvisionnemens de blés, faits au compte de l'État, dans une proportion sagement calculée et déterminée. Afin de réduire le plus possible la dépense de ces greniers, on les construira sur un modèle simple, uniforme, peu dispendieux et propres à la conservation de cette denrée. Pour atteindre ce but, le Gouvernement pourra proposer un concours qui déterminera la forme et la construction les plus convenables à ces magasins, ainsi que le montant des dépenses exigé pour leur établissement; les prix seront réglés à l'avance, réduits dans chaque localité au meilleur marché possible et adjugés au rabais, conformément à l'usage.

Les conseils municipaux de toutes les communes de chaque arrondissement et les propriétaires les plus imposés en nombres égaux, seront autorisés à s'assembler afin de voter dans leur intérêt, la somme nécessaire demandée comme avance, pour la construction des greniers d'abondance à élever dans chaque chef-lieu, suivant le devis, et le modèle arrêté et annexé au cahier des charges.

Cette loi mettra à la disposition du Gouvernement une somme de cinquante millions, dont il rendra compte aux chambres législatives, et qu'il employera à faire des achats de blés sur les marchés, pour les emmagasiner dans ses greniers, à la condition expresse de ne les acheter qu'au-dessous du cours de . . . fixé par la loi, afin d'en faire remonter le prix, dans l'intérêt des propriétaires et de l'agriculture. Dès que les blés auront atteint le cours de . . . . . fixé par cette loi, le Gouvernement ne pourra plus acheter.

Si le cours venait à dépasser, dans les marchés, le maximum du prix arrêté, dans l'intérêt général, l'État serait obligé d'ouvrir ses greniers et de vendre ses blés emmagasinés, au prix de . . . . déterminé par la loi, afin de faire baisser le cours et de lutter contre le monopole.

Dans le cas où le Gouvernement, par suite d'une abondante récolte, après avoir employé en achats la totalité des cinquante millions mis à sa disposition, n'aurait pu parvenir à élever le cours des grains, et à le porter au taux indiqué, le Roi dans l'intérêt de l'agriculture, des propriétaires et des cultivateurs, déclarera par une ordonnance, l'exportation des blés permise et ouverte, dans tous les ports de France sans exception, afin de nous débarrasser de leur excédant et de faire hausser le cours de cette denrée. Le commerce sera libre alors d'exporter les grains sur toute la surface du globe, à la seule condition de les prendre dans nos greniers d'abondance, au prix fixé par la loi.

L'exportation restera ouverte de cette manière, jusqu'à ce que le Gouvernement soit parvenu à relever le cours des blés, et à obtenir par cette balance le nivellement au prix moyen de . . . . ; à cette époque elle cessera de fait, d'après une nouvelle ordonnance du Roi.

Les bénéfices légitimes résultants de cette vente faite dans les cas spécifiés ci-dessus, seront portés en recette au budjet de l'État, pour être spécialement employés (les frais de gestion et d'administration payés) à donner des secours aux communes maltraitées par la grêle, et des encouragemens à l'agriculture. Dans les premières années, ces bénéfices serviront à rembourser aux communes les avances des frais de construction de ces greniers.

Telles devraient être la substance et les bases de cette loi de prévoyance, qui, sans nuire à la liberté intérieure et extérieure du commerce des grains, concilierait à la fois les intérêts de l'État, des propriétaires, de l'agriculture et du peuple.

Je ne puis me dispenser d'entrer maintenant dans quelques détails minutieux, sur l'établissement des greniers d'abondance, et sur les frais d'emmagasinement, de gestion et de circulation, que M. Turgot évaluait de son temps, à la somme exorbitante de quinze millions par an, et que M. Paris, dans un mémoire présenté au concours ouvert en 1819, *et couronné* par la société d'agriculture du département de la Marne, porte à trente-cinq millions par année (1).

Je vais démontrer l'extrême exagération de ces calculs, et répondre aux objections des économistes touchant les frais de construction de ces greniers publics, qu'ils ont considéré jusqu'à présent comme une mesure ruineuse et impraticable. On a déja pu juger par la lecture du projet de loi dont l'auteur a tracé les bases, que ces greniers ne coûteraient rien au Gouvernement, puisqu'ils seraient élevés dans le principe aux frais de la population entière de chaque arrondissement chargé d'en faire l'avance dans leur propre intérêt. Cette charge nouvelle sera bien légère pour les habitans de chaque arrondissement, en raison des grands avantages qu'ils doivent en retirer, tant par rapport au prix modéré du pain qui doit en être le résultat immédiat, que pour la fixation babituelle du cours des grains. Quant aux moyens d'exécutions, on les trouvera bien faciles et peu coûteux, si l'on veut surtout éviter d'adopter les plans dispendieux admis pour le grenier d'abondance construit à si grands frais dans la Capitale.

Les blés, pour se conserver long-temps sans s'altérer, doivent être emmagasinés sainement, dans des bâtimens qui leur soient convenables. Il faut que ces greniers publics soient bien aérés, placés au nord et mis

(1) Page 55.

à l'abri des rayons du soleil. Les fermiers renferment habituellemet leurs grains dans des chambres où ils sont la plupart du temps dévorés par les souris et les insectes ; cependant rien n'est plus facile que de les soustraire constamment au ravage de ces animaux, en joignant aux soins généralement connus, les moyens et les précautions que je vais indiquer.

Je crois pouvoir proposer un modèle de construction simple, commode, et peu coûteux. Il s'agira d'élever ces greniers sur des piliers, destinés à supporter un plancher solide entouré au lieu de murs, de bonnes cloisons en maçonnerie, où l'on pratiquera de distance en distance de petites lucarnes ou ouvertures en face les unes des autres, pour établir un courant d'air, et empêcher le soleil et la pluie de pénétrer dans leur intérieur. On fermera ces lucarnes par de petits encadremens à jour, en fil de fer, afin d'empêcher les oiseaux et toute autre espèce d'animaux de s'y introduire. Une trappe sera placée au centre du plancher ; on y adaptera une échelle qu'on retirerait au besoin. On fixera près de cette trappe une poulie, pour hisser les sacs de blés et les descendre ; au moyen de ce procédé, quelques hommes suffiront pour le service de chaque magasin.

Ces greniers n'auront qu'un étage, seront plafonnés et couverts en tuiles. Le dessous servira de halle où se tiendra le marché aux blés, dont la location abandonnée aux communes, couvrirait en partie les frais de leur construction et de leur entretien.

Le Gouvernement offrira un prix à l'architecte qui présentera sur ses données, le meilleur plan et le moins dispendieux, en l'obligeant à se baser sur le maximum de la dépense préalablement indiqué. (1) Dans les localités où l'État aurait des bois, le Gouvernement se fera autoriser à fournir la charpente de ces bâtimens, afin de réduire les frais de leurs établissemens.

Les villes les plus populeuses et les plus grandes de l'intérieur, qui se trouveraientplacées loin des fleuves ou des rivières navigables, pourraient à la rigueur s'en passer ; elles adopteront pour leur approvisionnement le mode employé anciennement pour la ville de Paris.

Après m'être occupé de l'érection des greniers d'abondance, je passe aux frais d'emmagasinement et de gestion que l'on a tant exagéré.

Ce service étant établi avec ordre et économie, rien de plus facile que d'en réduire les dépenses au taux le plus modéré. Il suffirait d'avoir, dans chaque arrondissement, un garde magasin cautionné, et trois ou quatre hommes de peine qui devront loger dans des chambres attenantes à ces bâtimens. Le garde magasin tiendra un registre d'entrée et de sortie et répondra des blés emmagasinés et des avaries qui seront à sa charge. Il ne pourra acheter ou vendre sur les marchés pour le compte du Gouvernement, les blés qu'au cours fixé par la loi et qu'en présence d'un des

(1) Voyez le devis qui est à la fin de l'ouvrage.

fonctionnaires publics du lieu, désigné par le maire. Il ne les admettra point s'ils ne sont nets, de bonne qualité, criblés et marchands. Ils seront mis en sacs de même grandeur et de même poids, puis ficelés et plombés par l'agent municipal ou en sa présence, et payés par un bon sur la caisse du receveur de l'arrondissement, rempli et signé par ce même agent.

Si le cours venait à hausser au point d'obliger d'après la loi, à vendre au lieu d'acheter, les fonds provenans de ces ventes seront aussitôt versés par l'acheteur dans la caisse du receveur de l'arrondissement.

La conservation des grains se trouvera constamment assurée par la précaution de les faire remuer à des époques précises et convenables, par les hommes attachés au service de ces magasins. Cette besogne terminée, ils seront remis en sacs et replombés par le fonctionnaire du lieu, qui constatera sur les registres les déchets reconnus.

Tous ces moyens sont assurément très-faciles à mettre en pratique. Ce service établi de cette manière, à quelques modifications près, les frais de gestion et d'emmagasinement se trouveraient très-réduits, les blés n'éprouveraient point d'avaries, et ne présenteraient que fort peu de déchets. Les fonds entrant ou sortant de la caisse du receveur d'arrondissement, pour les achats ou les ventes, dispenseraient d'avoir un caissier dans chaque localité.

Quant aux frais de transport et à la mise en circulation des blés d'un grenier à l'autre, ce service sera organisé de même très-économiquement, à l'aide d'une agence avec laquelle on traitera, et qui s'obligera d'entretenir la circulation jusqu'à l'approche de nos rivières, où il y aura un service de navigation établi d'avance pour faire descendre dans nos ports les blés de l'intérieur.

Dans cet état de choses, le négociant trouvera partout sous la main, les blés pour les exporter. Le commerçant digne de ce nom, ne pouvant exiger qu'un droit de commission de tant du cent, sur les achats pour l'étranger, se trouvera par là-même à l'abri des injurieux soupçons qui planent sur le monopoleur, et aura la facilité de complèter en un instant ses chargemens, avantage dont il est privé par la législation actuelle. Un moment suffirait, avec des greniers dans nos ports pour décider la vente et l'embarquement de mille tonneaux ou sacs de blés, qu'il n'est souvent pas possible d'assembler dans six mois, après des années d'abondance. Le négociant aurait sans frais tout ce qu'il lui faudrait pour effectuer un chargement, et l'étranger, servi avec autant de fidélité que de promptitude, donnerait alors la préférence aux grains que la France récolte.

Je crois avoir suffisamment démontré combien sont exagérées les assertions des économistes sur les frais de construction des greniers d'abondance distribués comme je le propose.

Quant à ceux de gestion et de circulation, les dépenses sont loin d'être aussi considérables qu'on l'a supposé, et ne peuvent nullement etrer en parallèle avec les maux et les frais énormes occasionnés par une seule disette, ni avec les pertes ruineuses, et tout-à-fait décourageantes que la surabondance fait supporter à l'agriculture.

Je passe maintenant à l'article le plus important de ce système, je veux parler de l'avance des cinquante millions que l'auteur demande pour mettre le Gouvernement à même de remplir les greniers d'abondance par de sages et indispensables approvisionnemens. Je dirai à cet égard que la vente des blés sortis des greniers publics, afin de nous débarasser de notre superflu, et établir partout le nivellement proposé, le seul mouvement du cours produirait à l'état, par la différence du prix d'achat et de vente, dans chaque localité, et par la circulation facile établie de proche en proche, des bénéfices réels et légitimes, qui couvriraient en peu d'années, l'avance de cette somme, absolument nécessaire pour former un contre poids dans la balance de ce commerce et lui donner plus d'extension et de sécurité. Peut-on douter qu'il n'en coûte bien d'avantage à la France pour l'achat des blés dans les années de disette, et donner les secours destinés aux malheureux.

Monsieur Laboulinière, dans son ouvrage que le Ministère consultera sans doute, comme ceux d'une infinité d'auteurs estimables qui ont écrit sur cette matière, indique les moyens de mettre le Gouvernement à même de réaliser la somme de cent cinquante millions qu'il demande pour établir son système de prévoyance communale et nationale, ainsi que sa grande dotation publique des réserves en meules à domicile. Les cinquante millions demandés par l'auteur lui paraissaient suffisans, parce qu'il n'avait en vue que de mettre l'État à même de lutter contre le monopole et les disettes, la plupart factices, de ne retirer de la circulation que la quantité de blés strictement nécessaire pour atteindre ce but désirable, d'aider sans inconvénient l'écoulement de notre superflu, et de maintenir, dans l'intérêt du commerce des grains, les prix à un taux qui satisfasse les propriétaires et le peuple.

Le premier moyen que M. Laboulinière nous présente » est le maintien des nouveaux dégrèvemens des contributions projettées, suspendus pendant deux ou » trois exercices, pour former le fonds qu'exige les » approvisionnemens; en second lieu, les fonds gé» néraux précédemment destinés au cadastre, seraient » aussi d'après lui, convenablement employés à la » réserve des grains; cette dépense, reconnue enfin » superflue pour arriver à la péréquation départemen» tale, dont on a su approcher plus ou moins, d'une » manière plus expéditive, devient purement facul» tative pour chaque département, dans l'intérêt des

» diverses parties de son territoire, plus aisées à éva» luer uniformément.

» Il voudrait qu'on affectât aussi à cet emploi l'ex» cédant des recettes indirectes proprement dites, » maintenues également pour quelques temps sur le » même pied, ainsi que celles qu'il serait moral de » supprimer telles que la loterie, dont l'emploi qu'il » propose ferait supporter la perception momentanée.

» Il pense qu'on pourrait prendre une partie des » fonds d'amortissement jugés par quelques personnes » déjà supérieurs aux besoins absolus, et qui le sera » bientôt d'avantage par les succès progressifs de cette » grande fondation qui pourrait recevoir la nouvelle » destination qu'il indique, dès que la première serait » suffisamment remplie, ou pourrait n'en pas souffrir.

» Enfin, un des derniers moyens de M. Labouli» nière, serait une nouvelle création de rente motivée, » comme les réserves d'impôts sur un besoin national » éminent, et sans tirer à conséquence pour d'autres » prétentions. »

Je ne partage pas sur ce dernier point son avis, étant du très-grand nombre des anciens rentiers de l'État qui ont été ruinés, ainsi que toute ma famille, par la réduction des deux tiers, faite sous le régime révolutionnaire. On a déjà beaucoup trop abusé de cette ressource qui cause la perte des États comme celle des particuliers forcés d'y avoir recours.

Voici pour mon compte ce que je propose. Si le Ministère se trouvait arrêté par la difficulté d'obtenir et de se procurer pour une loi d'une si haute importance, une somme aussi forte que celle de cinquante millions, il n'aurait aucuns fonds à demander, en admettant indistinctement les propriétaires et les cultivateurs à souscrire l'obligation de remplir et d'alimenter à mesure des ventes pour une quantité quelconque, les greniers d'abondance en beaux blés criblés et marchands.

Il pourrait recevoir également les souscriptions en argent de tous les capitalistes du Royaume qui voudraient concourir à cette grande œuvre nationale. Au moyen de ces souscriptions volontaires, l'État consentira à partager avec les souscripteurs, (les frais de gestion payés) les bénéfices provenant des ventes faites d'après cette loi destinée à maintenir un juste équilibre.

Il leur sera tenu compte en outre, d'un intérêt de cinq pour cent, à raison de leurs avances jusqu'au jour du remboursement, ce qui ne devrait avoir lieu qu'après les ventes successives dont il est question. Les blés déposés dans les greniers d'abondance, par les propriétaires ou fermiers souscripteurs, ne pouraient être reçus et remboursés qu'au taux du prix fixé par la loi.

L'intérêt, ce premier mobile des hommes, aurait dumoins dans cette circonstance, un but louable et patriotique, qui porterait l'agriculture française à son plus haut terme.

Les souscriptions pour les canaux, qui se sont élevées cette année à près de cent millions, n'ont certainement pas un but plus louable et aussi utile.

Les économistes ne manqueront pas de demander où serait la garantie pour l'Etat et les souscripteurs, des bénéfices qu'on leur promet. Ils verront dans l'ouvrage de mon père, que si l'on adoptait son plan, nul doute que le commerce, sûr de pouvoir vendre chaque année notre superflu en blés, dont la quantité ne tarderait pas à être connue, étant emmagasinée dans les greniers de nos ports, et tout prêts à être embarqués, leur aurait bientôt ouvert des débouchés, soit en Angleterre, en Hollande, en Suisse, en Savoie, en Piémont, en Italie, en Espagne, en Portugal, et enfin, dans toutes les colonies.

L'auteur ajoûte, que pour se faire une juste idée des bénéfices que la France pourrait retirer de cette nouvelle branche de commerce avec l'étranger, il faut consulter les besoins de l'Europe qui semblent s'augmenter chaque jour sans qu'on puisse en donner la vraie cause, si ce n'est le renchérissement de la main d'œuvre, et nécessairement de toutes choses; c'est pour cette raison que les propriétaires et les cultivateurs augmentent le prix de leurs denrées, afin de balancer la dépense qu'ils sont obligés de faire. Suivant lui, le prix des blés, qui plus de vingt ans avant l'époque où il écrivait, était de vingt-cinq ou trente francs le setier, au marché général de l'Europe, s'élevait en 1782, l'année qu'il fit imprimer son ouvrage, de trente à trente-cinq francs; et d'après ce calcul, la France pouvait retirer alors plus de vingt pour cent de bénéfice, sur la vente des blés excédant ses besoins.

Il suppose ensuite que le setier de blé pesant deux cent cinquante livres, et coûtant vingt-quatre francs, est au prix où il conviendrait qu'il restât toujours, pour l'intérêt des cultivateurs, et assurer la nourriture du peuple. Ce ne serait pas le moment de faire des achats dans l'intérieur, puisque le prix des grains mettrait le cultivateur à même de vendre quand il voudrait. Mais si par suite de la défense momentanée d'exporter, les blés tombaient au-dessous de vingt-quatre francs comme on les a vus en 1776, plusieurs fois depuis, et encore aujourd'hui, ne valoir que seize à dix-sept francs le setier, prix qui dédommage à peine des frais de culture, ce serait alors l'instant favorable de commencer des approvisionnemens pour venir au secours des fermiers, en faisant remonter les grains jusqu'au taux de vingt-quatre francs, afin de rétablir ainsi l'équilibre dans la balance commerciale.

Les blés étant achetés pour les approvisionnemens publics, au-dessous de vingt-quatre francs le setier, et jamais au-delà (en admettant que ce soit là le prix fixé par la loi), il est constant que mille setiers ne peuvent valoir plus de vingt - quatre mille francs de premier achat ; et en portant les frais à trois francs par setier, (supposition qui est fort au-dessus des probalités) il en coûtera trois mille francs pour la quantité des mille setiers indiqués ; la dépense totale serait alors de vingt-sept mille francs tout compris. En convenant aussi que le Gouvernement pourrait revendre sans préjudicier aux intérêts du peuple, le même setier à raison de trente francs, (cela ne porterait la livre de pain qu'à deux sous et demi ou trois sous au plus), d'après ce calcul, l'Etat retirerait de ses fonds au moins dix pour cent, sans avoir recours à l'exportation, en bénéficiant seulement de trois francs sur trente, ce qui donnerait cinq millions que la nation gagnerait par ce commerce intérieur, provenant des cinquante qu'on demande, pour entreprendre ces approvisionnemens.

Les économistes objecteront sans doute encore, que l'agriculture, depuis 1782, ayant fait en France et dans toute l'Europe, des progrès immenses, les calculs de l'auteur sur l'exportation de notre superflu ne peuvent être exacts aujourd'hui, les blés étant généralement à présent à un cours au-dessous de ce qu'ils étaient anciennement.

La partie méridionale de la Russie, l'Égypte, la Sicile, toutes les côtes de Barbarie, et l'Amérique du nord, en fournissent, diront-ils, d'une qualité très-supérieure aux nôtres, et d'un prix très-inférieur, en sorte que nos greniers pleins, et l'exportation étant permise, pour faciliter la vente de nos blés, le commerce ne pourrait pas trouver à en livrer à l'étranger un seul boisseau, même à un cours beaucoup plus bas que le nôtre.

Je veux bien admettre cette manière de raisonner, (que je suis loin de regarder comme exacte), persuadé que cette supposition vient à l'appui du système de l'auteur ainsi que je vais le prouver. Si l'abondance était générale dans toute l'Europe, comme on le prétend, et si les blés étaient partout au plus bas prix, c'est alors qu'il faudrait s'empresser d'en acheter pour les approvisionnemens; en effet, en considérant que les extrêmes se touchent, on doit s'attendre à voir bientôt reparaître les disettes d'autant plus affreuses qu'elles seraient la suite inévitable d'une abondance universelle (1).

Une population de trente millions d'habitans doit nous rassurer d'ailleurs sur les craintes chimériques d'un superflu de produits trop considérables, pour rendre l'exportation tout-à-fait indispensable, d'au-

(1) Le découragement de l'agriculture intérieure peut produire un déficit de subsistance que ne sauraient plus couvrir les importations les plus considérables. Supposez seulement une diminution d'un dixième dans les produits, c'est-à-dire de quinze millions d'hectolitres sur cent cinquante, quatre ou cinq mille vaisseaux suffiraient à peine à l'arrivage simultané de cette quantité, qu'il serait ensuite impossible de répartir sur les divers point du Royaume, faute de communication et de moyens de transports. (Mémoire sur la nécessité de modifier notre législation sur les grains. 1821.)

tant plus que le rapport entre la production et la consommation étant habituellement dans un assez juste équilibre, les réserves de grains proposées auraient la propriété d'absorber et de conserver cet excédant de nos récoltes qu'on retrouverait à la suite d'une mauvaise année.

Le Gouvernement, dans une situation semblable, ne pourrait-il pas nourrir les troupes de terre et de mer avec les blés emmagasinés, pour être à même, en continuant ses achats, de les renouveler et de faire remonter le cours? N'est-il pas chargé de pourvoir à la subsistance des colonies qui, à elles seules, consommeraient la plus grande partie de ce superflu? N'avons-nous pas nos places fortes, nos ports, nos hôpitaux, tous nos établissemens publics à approvisionner également? Les villes les plus populeuses du Royaume, avec lesquelles il serait facile de traiter pour assurer leur subsistance, en s'engageant à ne leur faire payer la livre de pain, jamais au-dessus de trois ou quatre sous, dans la plus grande cherté? Il serait confectionné, d'accord avec ces mêmes villes, un bon pain de ménage pour les classes moins aisées, qui ne reviendrait en tout temps qu'à deux sous ou six blancs au plus la livre. Ne devrait-on pas aussi astreindre les boulangers de toutes les autres villes, à former dans les mêmes vues, chez eux, de petites réserves de grains plus ou moins considérables? Enfin, on serait en état de fournir aux fermiers de bons blés de semence pour leurs terres. Le nombre de nos greniers pourrait au besoin être augmenté, en érigeant alors de semblables établissemens dans les chefs-lieux de cantons situés sur nos fleuves et nos rivières navigables. Sans tous ces moyens, n'aurions-nous pas encore la ressource, si nous en étions réduits à n'avoir aucun débouché pour nos grains (ce qu'il faudrait prouver) de faire usage d'un de ceux déjà indiqués sur l'emploi des fosses à blés ou silos, qu'il serait prudent d'établir d'abord dans nos places fortes et dans nos citadelles, puis sur des points de communication directes et faciles, ce qui nous deviendrait fort utile en temps de guerre, et nous mettrait à même de nous passer, par la suite, de l'importation, dont les ressources sont tout-à-fait nuisibles dans l'abondance, chez une nation agricole comme la nôtre, et à peu près nulles dans la disette (1).

On ne peut donc pas présumer que la surabondance avilisse en France le prix des grains, au point de ne trouver aucune voie pour nous en débarasser. Nous ne devons pas craindre d'ètre jamais réduits à cette cruelle extrémité qui détruirait notre agriculture et nous ferait ensuite périr de faim, en diminuant, d'après la nature des choses, la culture de nos céréales.

---

(1) Le rapport fait à la Chambre des Pairs dans la séance du 12 juin 1821, par M. le duc de Levis, nous apprend que l'étranger, pendant les disettes de 1802, 1810 et 1817, dans la cherté excessive, nous a nourri dix jours, et dans les deux chertés moyennes, deux jours et demi chaque fois.

Ne nous plaignons pas tant de cette abondance de blés que Dieu nous donne dans certaines années ; gémissons plutôt de ce que notre aveugle insouciance et notre coupable ignorance ne savent ou ne veulent pas en tirer parti, afin de rayer du dictionnaire de notre langue, le mot disette, dont les suites funestes sont ordinairement les effets de notre imprévoyance.

Voici une dernière objection qu'on fera sans doute valoir : l'État peut-il faire le commerce des grains ?

« Cette question, suivant l'auteur, est tout-à-fait
» spécieuse, parce que c'est allier à l'action de pré-
» voir à la subsistance du peuple, (qui est un des
» droits sacrés de la couronne) l'idée d'un com-
» merce qui la dégraderait si le seul intérêt en était
» le mobile. »

Le Gouvernement peut d'autant mieux assurer par des approvisionnemens, la nourriture d'une Nation aussi populeuse que la nôtre, qu'il s'oblige d'après la loi proposée, de n'acheter que depuis tel prix jusqu'à tel autre, afin d'opérer une hausse salutaire dans les marchés quand le cours est trop bas, pour le bien-être des propriétaires et de l'agriculture, et que cette même loi ne lui permet plus d'acheter aussitôt que les prix sont modérés, pour ne point léser les intérêts du commerce, qu'il s'astreint ensuite à revendre ses blés emmagasinés, si les prix s'élevaient à un taux trop haut, afin de les faire baisser pour assurer la subsistance du peuple et lutter contre le monopole ;

si cela peut s'appeler réellement un commerce, l'intérêt général exige qu'on le fasse.

Il n'en est pas du commerce des blés comme des autres, à raison des variations qu'il éprouve, puisque la trop grande baisse fait languir l'agriculture et pèse sur les propriétaires et les cultivateurs, tandis que la hausse trop forte des prix fait souffrir et murmurer le peuple et jette le trouble dans toutes les classes de la société. Nous pouvons nous passer à la rigueur de certaines substances alimentaires, telles que la viande et le vin; mais le pain et l'eau sont aussi nécessaires que l'air à notre existence.

L'État ne peut donc se dispenser de diriger le commerce des grains; les bénéfices légitimes résultant des trop fréquentes oscillations dans les prix des différens marchés, qu'il faut pouvoir modérer jusqu'à un certain point, partagés comme on le propose avec les propriétaires, les cultivateurs et capitalistes souscripteurs, et dont l'autre moitié portée en recette au budjet serait spécialement affectée (les frais de gestion payés) à secourir les communes maltraitées par la grêle et à donner des encouragemens à l'agriculture, tourneraient au profit de tous, et ennoblirait ce commerce qu'on encouragerait par ce moyen. Cette loi, loin d'entraver les spéculations commerciales, les favoriserait au contraire en laissant une latitude de prix de six à dix francs par sac de deux cent cinquante livres, pour le commerce intérieur, et en permettant l'exportation de notre superflu, que les négocians du royaume feraient écouler sans peine, sans frais et avec sécurité, en ouvrant à nos grains des issues dans toutes les parties du monde. Le commerce en général acquiérerait une bien plus grande activité, par le transport et la circulation continuelle de nos blés par terre et par eau.

» En s'opposant aux approvisionnemens, dit l'au-
» teur, c'est convenir ouvertement qu'il faut laisser
» au hasard le soin de faire subsister la classe indi-
» gente de la Nation, et comme il est démontré qu'une
» faute de législation en entraîne mille autres, c'est
» abandonner le cultivateur et les propriétaires au
» sort des événemens heureux ou malheureux, l'État
» enfin à sa propre destinée. N'est-ce pas dire qu'il n'est
» pas besoin de loi; si cette opinion devait l'empor-
» ter, il faudrait convenir de l'inutilité d'un moyen qui
» préviendrait les pertes que nous sommes forcés de
» supporter dans l'abondance, et celles plus grandes
» encore jointes aux souffrances que nous éprouvons
» pendant la disette (1).

» L'un ou l'autre de ces événemens se fait-il sentir,
» les regrets suivent, et le remède vient toujours
» trop tard ou mal-à-propos.

» L'État peut donc faire le commerce des grains,

(1) Ces pertes suivant M. De Lastours, Député du Tarn, se sont montées en 1817 à plus de deux cent millions. (Projet contre la disette des grains, page 23.)

» si l'on veut absolument nommer ainsi des appro-
» visionnemens dictés par la prudence ; il le peut
» d'autant plus sûrement, qu'il ne blesse aucun ordre
» de citoyen, si on en excepte le monopoleur. »

En résumé, peut-on vanter réellement notre siècle de lumières, si on ne sent pas la necessité de s'approvisionner de blés, pendant les années abondantes, dans des proportions sagemens combinées, pour détruire les disettes ou le monopole et secourir les cultivateurs.

Est-il prudent de s'en rapporter aux *laissez faire* des économistes; et de laisser aller les choses comme elles vont, aux risques de nous voir périr d'inanition et de jeter l'État dans des dépenses considérables, (1) ou de plonger l'agriculture dans un funeste découragement. Si l'on admet cette base incontestable du système de l'auteur, il s'agit d'abord de répondre à cette question.

A qui confiera-t-on le soin de ces approvisionnemens? Est-ce au Gouvernement ou à de simples particuliers à gérer cette partie importante d'administration ?

Il s'agit ensuite de décider si c'est au Souverain d'une nation aussi étendue que la France, à assurer comme père de ses sujets, leur subsistance; ou s'il

(1) Voyez à la fin de l'ouvrage les pièces et documens, qui nous font connaître l'énormité des dépenses dans les disettes de 1817, 1812 et 1789.

convient mieux que ce soit de simples compagnies de marchands de blés, qui, avec toutes les garanties possibles, ne peuvent assurément pas inspirer la même confiance.

Si l'on reconnait que le Gouvernement est seul dans la possibilité de lutter contre les disettes, le monopole et la surabondance, que son existence et sa sûreté personnelle sur une pareille matière réglée par une loi, sont l'assurance la plus directe et la plus positive qu'on puisse avoir, il faut nécessairement convenir de la nécessité de construire des greniers publics dont il est physiquement impossible de se passer, pour y conserver et régir les approvisionnemens qu'on doit faire, en déterminer le nombre dans une sage proportion, car il ne s'agit pas ici d'emmagasiner une si grande quantité de grains, qui doivent au contraire rester en circulation, afin de ne point paraliser ce commerce. Il faut fixer la forme de ces bâtimens, leur grandeur, leur prix, les réduire le plus possible, indiquer le mode de paiement; il faut les répartir autant que cela se pourra, sur nos fleuves, nos rivières et nos canaux, les placer de manière à se prêter un appui mutuel des plus prompts, régler à l'avance les frais de transports, qui pour la plupart doivent se faire par eau.

Sans greniers publics, le Gouvernement ne pourrait pas faire circuler des blés de jour ou de nuit, souvent même sans qu'on sans doute, pour les distribuer rapidement d'un lieu à un autre, afin d'éviter les variations subites et élevées, et maintenir partout le cours à un taux modéré.

Les grains achetés les jours de marchés pour le compte de l'État devront être de bonne qualité, nets et criblés, pour qu'ils puissent se garder long-temps, se bien vendre et se conserver à l'abri de toute espèce d'avaries. Il faut que les déchets soient calculés d'avance et réduits d'après des données exactes. Il faut enfin qu'ils soient administrés avec le plus grand ordre et avec économie, comme tout objet soumis à la direction immédiate du Gouvernement.

Les blés mis en réserve dans les greniers d'abondance, alimentés par des achats et des souscriptions en nature, ne peuvent jamais être aussi bien soignés par les communes, ni prêts à circuler aussi promptement ni si à propos que dans des greniers publics, d'une construction appropriée à cet usage, où ils seraient confiés à des agens salariés et chargés de veiller journellement à leur conservation.

« Les communes, nous dit M. le sous-préfet d'É- » tampes, (1) eussent-elles assez d'argent à employer » et assez de locaux, ne sont pas en état de bien régir » le matériel des subsistances, et c'est une extrava- » gance que d'attendre des corps municipaux, une » sage et économique administration des greniers dits

(1) Page 6 du 2e. volume de son ouvrage.

» d'abondance ; c'est méconnaître tout-à-fait les ad-
» ministrations communales, non pas seulement des
» campagnes, mais même des villes et des grandes
» villes. »

Si ce raisonnement est juste, comme on ne peut en douter, le plan des réserves en meules proposé par M. Laboulinière, doit paraître impraticable. Ces meules auraient le grand inconvénient de pouvoir être incendiées en tous temps, surtout pendant la guerre ou dans des momens de trouble, et de faire bruler nos villages et nos habitations. Elles favoriseraient singulièrement ces trames obscures, ourdies par la malveillance à dessein de propager l'inquiétude et l'agitation générale, comme l'époque actuelle n'en présente que trop d'exemples. Quelques meules brulées par les associés intéressés, ou par les fermiers vendeurs chez lesquels elles resteraient en réserve, suffiraient pour jeter l'alarme, faire hausser subitement le prix des grains, et nous ramener les disettes factices et tous les désordres qu'elles entraînent à leur suite.

Quel moyen trouver pour prévenir un pareil danger? Le cherchera-t-on dans les compagnies d'assurance ou dans ces nombreuses associations commerciales, qui ne verraient dans ces disettes qu'une nouvelle source de richesse et de prospérité ?

Ces meules éparses dans les champs des cultivateurs, ne peuvent être gardées ni préservées de tout accident, comme le seraient des blés mis en réserve dans une ville chef-lieu d'arrondissement ou de canton très-peuplée. Comment les évacuer en temps de guerre et faire circuler ces grains en temps utile? L'établissement de ces *meules à domicile* priverait les fermiers de leur paille, si nécessaire à la nourriture de leurs bestiaux, et la ferait payer cher aux consommateurs. On verrait en outre les chevaux et autres animaux manquer de litière pour se reposer. Il en résulterait une diminution sensible dans la masse des engrais dont l'agriculture ne peut se passer. Ces gerbes de grains entassées dans nos champs y feront pulluler une multitude de souris et mulots qui ravageraient nos récoltes sur pied.

Pourquoi nos pères ont-ils généralement préféré les granges aux meules, pour la conservation des blés? N'auraient-ils pas plutôt adopté ces dernières à raison de la facilité et du peu de dépense qu'entraîne leur construction? Les fermiers n'ont communément recours aux meules que pour suppléer au défaut d'espace de leurs bâtimens, et on les voit détruire aussitôt ces amas de grains, dès qu'ils ont assez de place dans leurs granges pour les y resserrer. Il n'était permis anciennement d'en faire qu'en rase campagne, et même à certaine distance des villes, des villages et des habitations.

Malgré tous ces inconvéniens reprochés au système des meules, il trouverait sans doute de nombreux partisans, si les bénéfices que leur promet M. Labouli-nière, pouvaient se réaliser. Mais rien dans son plan ne justifie cette espérance; on n'y voit aucuns moyens de maîtriser le cours, de le faire hausser ou baisser comme le pourrait un Gouvernement paternel, avec des souscriptions en argent et en nature accordées pour atteindre un but aussi important.

Les difficultés se multiplient quand on réfléchit qu'il faudrait faire battre ces meules, dont la paille et le grain pourraient être avariés et en partie dévorés; que cette opération exigerait beaucoup de temps; et infiniment de peine pour faire circuler ces blés par toute espèce de chemins et les répartir ensuite sur tous les points de notre territoire. Les fermiers ne pourraient pas faire ces charrois à moins de renoncer totalement à leur exploitation, et ces transports ne dispenseraient pas des frais d'une administration pour diriger l'ensemble des opérations. M. Laboulinière ne se dissimule pas lui-même toutes ces objections.

Peut-on tenter de pareils essais sur une branche de commerce aussi importante, qui repoussent des théories aussi hasardées; n'est-il pas évident qu'elles compromettraient à chaque instant l'existence et la tranquillité publique?

Il faut à la France un système d'approvisionnement, dont l'ensemble embrasse tout son vaste territoire, et dont toutes les parties coïncident entr'elles. Quelle sécurité aurions-nous avec des meules aussi inflammables que la poudre et dont l'embrasement serait d'autant plus dangereux que les suites en seraient terribles et souvent même incalculables? Peut - on compter sur des ressources aussi incertaines? Combien leur sont préférables de beaux blés emmagasinés prêts à circuler comme notre monnaie courante, du Nord au Midi, de l'Est à l'Ouest, et au besoin dans toutes les régions du monde.

C'est le commerce en grand de cette denrée que le Gouvernement d'une puissance agricole aussi étendue peut laisser faire et doit même encourager, en prenant les mesures de précaution que j'indique, si l'on veut porter l'agriculture française à la plus haute perfection.

On ne peut donc pas confier le commerce de nos blés à des associations commerciales, partielles et isolées, qui, loin de remédier au mal dont on se plaint, ne feraient que l'augmenter. L'existence d'une nation aussi peuplée, ne peut être inconsidérément livrée à de pareilles sociétés, qui sous l'apparence du bien public, n'auraient en vue que leur intérêt particulier.

En admettant que le Gouvernement rejetât le système utile et ancien des greniers d'abondance, comme trop onéreux, afin d'éviter les frais de gestion et de circulation, et qu'il donnât la préférence à celui des réserves, non pas en meules, puisqu'il offre trop de dangers, mais à domicile chez les cultivateurs, auxquels il acheterait des blés quand ils seraient à bas prix dans les années abondantes, en leur imposant la condition gênante de les garder chez eux, condition qui exigerait des garanties de solvabilité que beaucoup de cultivateurs refuseraient d'accepter, faute d'emplacement, et par l'impossibilité de pouvoir les conduire sur les marchés chaque fois qu'ils en seraient requis. Quelques laboureurs, dans les années où les blés seraient à vil prix, pourraient peut-être se soumettre à de semblables propositions, aux risques de ne les remplir que très-imparfaitement, afin de se débarrasser de leurs grains et réaliser des fonds. Mais je me trompe fort, ou je crois pouvoir avancer que le Gouvernement n'en serait pas moins obligé de se jeter dans les dépenses de construction ou de location de greniers ou magasins, sans lesquels il n'est pas possible de faire des approvisionnemens. Où sont les cultivateurs qui auraient assez de temps à perdre pour s'occuper du soin et de la conservation des blés mis en réserve chez eux? N'ont-ils pas assez de veiller à leurs propres affaires et à leurs intérêts personnels? D'ailleurs, que de difficultés ne surviendrait-il pas en cas de morts, de mutations, de soustractions, de forces majeures ou d'incidens imprévus? Les fermiers pourraient-ils dans les temps de moisson et d'ensemencement, remener continuellement sur les marchés, quand ils en seraient requis, les grains que le Gouvernement ou les associations commerciales voudraient mettre dans la circulation pour faire hausser ou baisser le cours. Ce serait déjà beaucoup pour eux de s'engager à conduire une première fois au chef-lieu d'arrondissement leur contingent en blés qu'ils devraient livrer, encore ne pourraient-ils le faire que dans certains temps de l'année.

Comment font les laboureurs me dira-t-on, quand ils veulent vendre leurs grains? Ne vont-ils pas aux marchés? Oui, mais ils prennent leur temps. Il en est beaucoup qui n'y vont jamais, ils attendent chez eux les marchands qui viennent les enlever.

Ce système de réserves inventé par M. Laboulinière, pour éviter la dépense, jeterait le Gouvernement ou ces associations, dans de grands frais de location, de circulation et d'administration. Le but qu'il voulait atteindre serait tout-à-fait manqué, puisque *ces meules à domicile*, loin d'épargner ces frais, les doubleraient, multiplieraient les déchets et les avaries, sans compter les pertes éventuelles causées par les incendies.

Si le Gouvernement admet la nécessité de faire des provisions de blé dans les années d'abondance pour secourir l'agriculture, nous préserver des disettes et détruire le monopole, il est difficile et même impossible, suivant moi, qu'il puisse éviter les dépenses de gestion, de circulation et de construction de bâtimens dont il ne peut se passer, s'il veut emmagasiner sainement ses blés, réduire considérablement les déchets et prévenir toute espèce d'avarie (1).

M. Laboulinière, antagoniste déclaré des greniers d'abondance convient dans son ouvrage que le grand Empire de la Chine où l'agriculture est si en honneur, en est couvert, qu'ils ne sont qu'à une distance de deux à trois lieues au plus les uns des autres, et que son sage Gouvernement les remplit par des impositions en nature, qu'en temps de guerre ou de troubles, ces greniers ont souvent été détruits, et furent constamment rebâtis à raison de leur utilité.

Si le système *des réserves en meules à domicile* ne peut nous dispenser de construire ou tout au moins de louer des magasins, n'est-il pas préférable d'en établir seulement dans les chefs-lieux d'arrondissement. Cette mesure en porterait le nombre au plus à quatre cents, et n'entraînerait qu'une faible dépense pour une population aussi considérable que la nôtre.

Ces greniers étant élevés sur des piliers dans nos

---

(1) La plupart des peuples de l'antiquité ont senti la nécessité d'établir des greniers publics pour y resserrer leurs grains.

» Les Romains entr'autres avaient, sous les Empereurs, de vastes magasins de blé nommés *Horrea*, *Farraria*, construits en pierre de taille et à grands frais, dans chaque région de leur capitale. Suétone, qui en fait monter le nombre à trois cent six, nous apprend qu'ils furent tous consumés dans l'incendie arrivé à Rome, sous le règne de Néron.

(Suétone, lib. CCLVII.)

(Des fosses propres à la conservation des grains, par M. de Lasteyrie, page cinq.)

villes principales présenteront aux cultivateurs et capitalistes souscripteurs plus de sécurité que les meules de M. Laboulinière, qui pourraient ruiner d'un moment à l'autre, par les incendies et les avaries, ces associations commerciales, ou exigeraient au moins de grands frais d'assurance.

Toutes ces puissantes considérations jointes à mille autres, que des Administrateurs instruits feraient valoir beaucoup mieux que moi, prouvent jusqu'à l'évidence qu'il n'appartient qu'au Gouvernement d'une grande nation de bien diriger cette partie essentielle d'administration publique, sous l'égide d'une loi de prévoyance.

Pour créer ces utiles établissemens, le Ministère n'aurait aucuns fonds à faire ni à demander, en admettant, comme je le propose, les propriétaires et les cultivateurs à souscrire l'engagement de fournir en nature, pour une quantité déterminée, nos greniers d'abondance et à les alimenter à mesure des ventes, aussitôt qu'ils en seraient avertis. Le Gouvernement, en permettant aux capitalistes de souscrire aussi en argent, et partageant avec eux et les propriétaires qui fourniraient en nature, les bénéfices résultants de la vente des blés sortis de ces greniers, en se chargeant de nourrir ses troupes de terre et de mer, d'approvisionner ses colonies, ses places fortes et tous les établissemens publics, pourrait, en s'aidant des fonds destinés à tous ces services, rembourser de suite ces mêmes cultivateurs et souscripteurs, aurait moins d'intérêt à payer, et grossirait ces bénéfices.

L'intérêt des propriétaires et des fermiers souscripteurs, étant lié à celui de l'État, nous permettrait de vivre dans une parfaite sécurité. Le principe de la libre concurrence du commerce des grains se trouverait maintenu, et la nourriture du peuple serait assurée.

On ne peut donc pas prétendre « que ces greniers » publics ne serviraient qu'à soustraire des valeurs à » la circulation et ôteraient à l'industrie commerciale » les encouragemens que la hausse et la baisse des » prix lui offrent. »

Les approvisionnemens demandés par l'auteur, sont l'effet d'une sage précaution conseillée dans le but de prévenir les disettes et d'agrandir cet important commerce. En supposant que la loi fixe le prix moyen des blés de vingt-cinq à trente-cinq francs par setier de deux cent cinquante livres, et que le Gouvernement ne puisse acheter ni vendre, tant que le cours se maintiendrait à ce taux, peut-on raisonnablement soutenir que ce serait léser les intérêts du commerce en lui laissant une variation de 10 f. par sac du poids de deux cent cinquante livres? C'est, je pense, un intérêt de spéculation assez fort sur une telle denrée, à moins que l'on aime mieux nous laisser tout-à-fait à la merci de la cupidité des marchands de blé. Quant aux bénéfices résultants du mouvement inévitable des différens cours dans les prix de nos marchés, et de cette balance d'intérêt public, établie par la loi pour maintenir l'équilibre, n'est-il pas plus juste qu'ils retournent à l'État, aux propriétaires, aux cultivateurs, à nos négocians et aux souscripteurs, que de les abandonner à l'avidité de quelques spéculateurs, auxquels il serait imprudent de confier l'existence d'un grand peuple?

Qui peut mieux que le Gouvernement connaître exactement la quantité de notre superflu en grains, à laisser exporter annuellement par le commerce? Qui a le plus d'intérêts et de moyens d'en arrêter l'exportation à temps? Dans cette hypothèse, notre superflu ne pouvant être vendu par nos négocians qu'en passant par la filière des greniers d'abondance, et en vertu d'ordonnance du Roi pour ouvrir ou fermer l'exportation dans les cas et suivant les prix déterminés par la loi, se trouvant emmagasiné dans les greniers de nos ports et tout prêt à être embarqué, ferait préférer nos blés qui seraient de la plus belle qualité à tous ceux de l'Europe, puisqu'il n'y aurait aucuns frais à faire pour se les procurer, avantage que l'étranger ne trouverait nulle part. Les bénéfices que le Gouvernement serait à portée de faire, partagés avec les souscripteurs, les indemniseraient complétement et devraient bientôt élever l'agriculture à son plus haut dégré de splendeur.

Les cultivateurs, guidés par l'intérêt, ce puissant mobile des actions des hommes, se livreraient à la culture plus en grand des prairies artificielles qui améliorent les terres, en leur procurant un repos productif, et en multipliant les bestiaux et les engrais.

Les fermiers pourraient alterner, ils utiliseraient leurs jachères et chercheraient à tirer parti des plus mauvaises terres, en les fumant bien, en y mettant du sainfoin, de la luzerne, du sarazin, des topinambours et autres plantes destinées à les améliorer.

Le défrichement des prairies artificielles doublerait le produit de ces mêmes terres mises en blés. Les pommes de terre cultivées plus en grand pour ces sortes de défrichemens, nourriraient beaucoup de familles pauvres, en les leur donnant à faire à moitié ou aux deux tiers; et sur cette façon, on pourrait y semer du blé.

On parviendrait à fertiliser toute espèce de terrain en tirant parti du plus mince filet d'eau, pour arroser les terres par une infinité de petites saignées ou rigoles, en créant l'art admirable des irrigations, malheureusement inconnu en France. Cet art embellirait, rassainirait nos villes, nos villages, nos habitations, vivifierait, comme le dit M. de Perthuis, « toutes les » branches de notre industrie, en la portant à sa » plus grande perfection. Mais il faudrait pour cela » que le Gouvernement s'occupât d'établir au moyen

» des rivières et des fleuves qui sont si multipliés, » un système général et raisonné de navigation et » d'irrigation, qui pût satisfaire à la fois à tous les » besoins des hommes, de l'agriculture, du com- » merce, des manufactures et des arts, comme cela » existait en Égypte, et comme on le voit encore dans » le vaste Empire de la Chine » (1). Il faudrait également qu'on pût fonder avec l'argent que cette loi de prévoyance épargnerait et verserait dans les coffres de l'État, des écoles pratiques d'agriculture, sur

---

(1) L'eau étant également nécessaire à notre existence, il faudrait que le Gouvernement, en créant des moyens artificiels pour satisfaire à ce premier besoin de l'homme, pût en fournir aux contrées malheureuses qui en manquent la plupart du temps. Il est difficile de concevoir qu'arrivés au point de civilisation où nous sommes, il y ait tant de localités qui soient privées d'eau dans les grandes chaleurs, et qu'il existe beaucoup d'autres endroits où l'on est réduit à ne boire que celle infecte et malsaine des mares. La plupart des maladies dans les campagnes, ne peuvent être attribuées qu'à la détestable qualité des eaux qu'il serait facile de corriger.

Des citernes, des acquéducs, des puits artésiens, des pompes à feu, des sources dont l'eau serait amassée dans de grands réservoirs, et distribuée avec ordre et économie, l'eau du ciel enfin recueillie dans le midi, pendant la saison des pluies dans les lieux où il est impossible de s'en procurer autrement, seraient autant de ressources artificielles qui pourraient la suppléer dans les contrées où elle manque entièrement. Un sujet si digne de fixer les regards de toutes les sociétés d'agriculture, attire à peine leur attention.

La ville de Paris jouit seule depuis peu d'années, grâce aux progrès de l'industrie française, du privilége de boire de l'eau filtrée. L'eau de la Seine jadis corrompue par tous les égouts de la Capitale, est maintenant métamorphosée par le filtrage au charbon, en eau limpide, saine et agréable.

quelques points de la France, pour nous enseigner et nous faire apprécier les produits lucratifs de cette science précieuse, la plus belle et la première de toutes.

Je ne crois pas qu'il y ait d'objections raisonnables à présenter contre ce système de l'auteur qui tend à concilier tous les intérêts.

C'est à la prudence paternelle de notre Auguste Souverain, c'est à sa sagesse éclairée de prononcer sur le mérite de l'ouvrage que je publie. Si dans cette occasion son jugement m'était favorable, je m'empresserais, à l'exemple de Pythagore, lorsqu'il eut trouvé le carré de l'hypothénuse, d'en rendre grâces à la Divinité, et de la remercier de s'être servie de mon père, pour nous avoir fait connaître une vérité frappante si utile aux progrès de l'agriculture et à l'humanité. Qu'il nous soit dumoins permis d'espérer, que cette belle question d'économie publique, ne tardera pas à être résolue sous l'heureux Empire de la Charte et de la Monarchie constitutionnelle.

Une loi salutaire qui, par des moyens quelconques nous préserverait pour toujours de l'alternative continuelle des disettes et des pertes que la surabondance fait supporter aux propriétaires ainsi qu'aux fermiers, sans violer le principe de la libre concurrence du commerce, et sans imposer de nouveaux sacrifices à l'État, mériterait d'être inscrite sur un monument public érigé en son honneur. La France verrait bientôt prospérer de plus en plus son agriculture, et pourrait s'épargner les maux et les fortes dépenses qu'elle est obligée de souffrir dans les temps de famine (1). Pour rappeler l'époque et perpétuer la mémoire d'un si grand bienfait, ne conviendrait-il pas d'élever au sein de la capitale une Pyramide, où seraient gravés, avec le texte de cette loi paternelle, les traits du Monarque qui l'aurait donnée, ainsi que les noms des souscripteurs qui auraient concouru à une œuvre si éminemment nationale.

« Tout Gouvernement, nous dit M. Laboulinière, » comme autrefois le colosse de Rhodes, doit s'ap- » puyer sur deux bases solides, les finances et les sub- » sistances; alors il est à l'abri de tout ébranlement, » de toute secousse, et les flots de la sédition même » viennent se briser contre lui; il faudrait pour le » renverser le bouleversement des lois de la nature, » ou l'abandon et l'oubli de tout sentiment social. »

Ce noble héritage que mon père m'a laissé en mourant, demanderait, pour le faire valoir, une plume plus exercée que la mienne, et des connaissances ad-

(1) Il en a coûté en 1817, suivant le rapport fait à la Chambre des Députés, dans la séance du vingt mars 1820, à la classe générale des consommateurs, en augmentation de prix sur sa subsistance, la somme énorme d'environ 800,000,000.

ministratives que je n'ai pas. Ancien militaire ; j'ai passé une partie de ma vie dans les bivouacs ; je réclame à ce titre et en faveur du motif qui me guide, l'indulgence de mes concitoyens.

D. Z.

Chevalier de l'ordre royal de la Légion d'honneur ;
Capitaine de cavalerie légère, retraité,
Électeur dans le departement de l'Aisne.

PRÉLIMINAIRE.

Oh ! des Gouvernemens le plus solide appui, Fille du Ciel, heureuse Vérité, viens éclairer les hommes : il est temps de paraître, ton règne est commencé ; viens t'opposer à la fatale erreur dont la société est depuis si long-temps la victime : montre-toi pour faire connaître toute l'étendue du bonheur dont nous pourrions jouir, et combien c'est à tort qu'on accuse l'Être - Suprême d'être le dispensateur des maux auxquels nous sommes en proie.

Ces reproches, injurieux à la Divinité, seraient justement fondés, s'ils s'appliquaient aux ouvrages des hommes, à leurs lois, dont le variable et inconstant usage prouve trop bien que le Ciel ne les a pas données.

C'est en effet à l'impuissance des lois, poux fixer le bonheur général ; ou, ce qui est plus fâcheux encore, à leur inexistence dans les vrais intérêts de la société, qu'il faut attribuer les désordres des Gouvernemens. Ici, l'arbitraire en tient lieu : là, elles sont trop au-dessus de l'humanité : ailleurs, c'est à des esclaves qu'elles parlent ; mais il n'en est nulle part contre la misère et pour la félicité publique : ainsi, c'est aux hommes et non à la Divinité que les reproches sont dus si nous souffrons.

Il était sans doute plus facile d'accuser l'Être-Suprême que de démontrer la possibilité de se réformer; de là est né le fatalisme dont de faux préjugés ont fait l'opinion dominante.

Si les hommes avaient pensé à examiner si les lois qu'ils se sont données étaient conformes à celles que suit la nature, et si ce défaut de ressemblance n'était pas la source de leurs peines, que de maux ils auraient écartés loin d'eux !

La nature, pour conserver les êtres qu'elle a créés, met en réserve les biens qu'elle leur prépare : c'est dans le sein de la terre qu'elle garde le précieux dépôt qui doit servir à l'existence et aux besoins de ceux à qui elle permet de vivre. Les produits qui paraîtraient devoir s'épuiser sont remplacés par d'autres, afin de fournir à la consommation de l'homme qui tend à tout absorber. Les choses les plus utiles, celles surtout de première nécessité, sont les plus répandues et les plus près de lui (1) : c'est ainsi qu'elle lui donne les premières leçons d'administration, de prévoyance, d'utilité publique et de prodigue économie, s'il est permis de s'exprimer ainsi.

J'en appelle maintenant à nos Législateurs, et même aux hommes qui existent ; l'ont-ils prise pour modèle ? Les lois qu'ils ont faites ont-elles été calquées sur celles dont elle se sert ? Non. L'intérêt, l'opinion, le moment, les circonstances ont tout

---

(1) Le fer, la pierre, le bois, les animaux, les légumes, les racines, les grains et l'eau, etc.

fait : on a oublié de consulter la nature et la raison. J'ai dit que des lois simples et douces pouvaient assurer aux hommes les produits de la terre, lorsque le Ciel paraît vouloir les punir de leur peu de prévoyance dans l'administration de lenrs grains, qu'il leur donne quelquefois avec trop d'abondance, et dont il paraît si avare dans d'autres momens. Je vais le prouver.

Cette apparente inconstance est peut-être cause des cris de l'homme contre la Divinité; mais ne verrait-il pas, s'il réfléchissait, que ses plaintes s'opposent à ses demandes.

Supposons, en effet, que l'Être-Suprême, exauçant les vœux d'une partie des hommes, et maîtrisant les saisons, voulût bien donner à la terre la faculté de produire de plus abondantes moissons, en seraient-ils plus heureux? Non, sans doute.

Le propriétaire et le laboureur, indiscrets dans leurs insatiables desirs, gémiraient bientôt de voir l'abondance couronner les vœux du peuple, lorsqu'ils verraient les fruits de leurs possessions et de leurs travaux diminuer de prix.

Si, changeant tout-à-coup, la Divinité voulait bien entendre les regrets du cultivateur, et rendre aux saisons cette variété qui nous surprend et nous indigne souvent; si, dis-je, elle voulait bien restreindre les produits de la terre au plus simple nécessaire; c'est alors que le public, près du besoin, accuserait l'Être-Suprême d'être insensible à ses plaintes; et croirait voir, dans celui qui prend soin de son existence, un tyran qui dévoue à une mort forcée ceux à qui il a permis de naître.

Voilà donc, hommes sensés, tous les produits de votre raison? Vous avez mis la Divinité dans l'impossibilité de vous satisfaire ; puisque, si elle exauce vos vœux, la moitié du nombre qui vous compose gémira de voir l'autre heureuse, et de ne pouvoir lui survendre les denrées de première nécessité.

C'est à cette fâcheuse alternative que les lois que vous avez établies pour la vente de cette utile denrée, doivent vous conduire.

Point de bonheur, par vos lois, pour le public, en général. Il est toujours une partie souffrante lorsque l'autre est heureuse ; et c'est surtout dans l'administration des grains que ce défaut se fait sentir avec plus d'énergie.

On peut admettre pour règle invariable sur cette matière que, lorsque le peuple des Villes se félicite sur le prix des blés, la campagne souffre : si, au contraire, le cultivateur est dans la joie, l'habitant des Villes et l'homme de peines ne tarderont pas à ressentir les maux que cause la disette.

Nos modernes Législateurs, frappés de ce contraste, et ne pouvant allier les intérêts aussi opposés, ont cru devoir y suppléer par des conseils aussi impuissans qu'inutiles. La facilité de soutenir les prétentions des propriétaires des terres contre les droits du peuple, et la plus grande facilité encore de défendre les intérêts du peuple contre ceux des propriétaires, a fait naître deux partis qui se sont peu ménagés, et dont les lumières n'ont servi qu'à rendre la cause un peu plus douteuse.

Quel est, en effet, l'homme réfléchi et judicieux qui, en écartant le besoin du moment, oserait prononcer qu'une liberté pleine et entière doit être la règle de l'État, ou qu'une défense d'exporter, continue ou momentanée, doit être la loi du Gouvernement? les dangers sont égaux; les preuves pour et contre aussi fortes, les deux extrêmes ont été exécutés sans succès; et la preuve que la cause n'est pas jugée, est l'indécision du Ministère, qui se trouve souvent contraint de revenir au parti qu'il avait rejeté, lorsque le temps qui dévoile les projets mal concertés des hommes vient lui prouver qu'il avait trop accordé à l'idée qui l'avait séduite (1).

Tel est, il en faut convenir, ce qui s'est passé et ce qui arrivera encore. L'exportation défendue fera naître, dans quelques années, l'abondance; la permission d'exporter ne tardera pas à amener la disette, et l'intervalle de ces deux momens sera rempli par des permissions d'exporter et des défenses de le faire; toujours injustes, souvent mal vues, ne satisfaisant jamais le parti qu'elles favorisent, et encore moins celui qui lui est opposé.

(1) Et voilà le faible de l'esprit humain, qui refuse presque toujours d'entendre les vérités qu'un homme inconnu peut trouver, pour adopter, avec ardeur, les sophismes de celui qu'il connait et qu'il protége.

Cet état d'incertitude prouve donc invinciblement que, de quelque côté qu'on se range, on y est également entraîné par l'erreur ; mais c'est aussi, dira-t-on, ce qui prouve qu'il est au moins décidé qu'il est inutile de s'appliquer à chercher la solution d'un problême qui, tenant à tout (1), doit être regardé comme insoluble, par l'impossibilité d'allier tous les intérêts ; ce qui a été et sera toujours la cause de la chûte de tous les systêmes d'État.

Tout cela peut être, j'en conviens, et ne se voit que trop souvent ; mais il est aussi des exceptions : ainsi, pour être à portée de juger si le plan que j'ai à proposer peut satisfaire les prétentions outrées des parties, j'exposerai, le plus succinctement qu'il me sera possible, les raisons sur lesquelles elles se fondent. Je crois qu'opposant l'une à l'autre pour les concilier après, tout homme, pour peu qu'il réfléchisse, sera alors en état de prononcer dans une cause aussi importante, et de décider si je dois mériter son suffrage.

---

(1) A l'agriculture, à la main d'œuvre, à la richesse des citoyens de tous les ordres, au commerce avec les Puissances étrangères, et conséquemment à l'intérêt politique des divers Gouvernemens, à la population, à la paix intérieure du Royaume, à la prospérité de l'État, etc., etc.

CHAPITRE PREMIER.

Principaux motifs sur lesquels les partisans de la liberté se fondent.

La liberté d'exporter et d'importer est la sûreté du peuple. Le prix des grains ne peut être balancé, d'une Province à l'autre, que par un libre exercice des volontés. Si une Province souffre, le commerce, averti de ses besoins, fera passer des Provinces voisines les secours nécessaires, et frustrera les espérances du monopoleur, si c'est par ces manœuvres que la disette se fait sentir. Les Provinces qui auront fourni au centre, feront remplacer le vuide de leur exportation par une importation des Provinces surchargées, ou de l'étranger : c'est ainsi que le commerce, liant tous les hommes par son utilité, leur assurera les produits de la terre à un prix égal pour tous; de même qu'il fera rentrer, dans les mains du cultivateur, les avances qu'il est obligé de faire pour en avoir les dons.

L'abondance était telle en 1760, 61 et 62, que l'État crut devoir tenter l'essai d'une exportation. On commença par la Déclaration du 25 Mai 1763, *portant permission de faire circuler les grains, farines et légumes, dans toute l'étendue du Royaume, en exceptions de tous droits, même ceux de péages;* mais ce n'était encore que les prémices de cette liberté nécessaire pour assurer l'existence du peuple dans tous les temps, et faire remonter les blés à un prix raisonnable.

Cette denrée restant toujours à un prix inférieur, le Roi donna son Édit du mois de Juillet 1764, *concernant la liberté de la sortie et de l'entrée des grains dans le Royaume*, qui aurait sans doute satisfait les desirs des partisans de la liberté, s'il n'avait pas ordonné que l'exportation à l'étranger serait arrêtée dans un des ports désignés pour la sortie des blés, dès le moment que le quintal de grain y vaudrait 12 liv. 10 sous; clause qui, selon leur sentiment, est, ou destructrice de cette liberté tant désirée, ou au moins inutile.

Cet Édit leur paraît encore contraire au commerce, en ce qu'il ne dit pas que l'exportation serait ouverte de droit dans chaque port où les grains qui auraient monté au prix de 12 liv. 10 sous, viendraient à retomber à un prix inférieur. Il est, au contraire, expressément réservé au conseil du Roi de rouvrir cette exportation quand elle aura été une fois fermé par le prix fixé.

Il est donc évident, disent-ils, que cette loi est plus contraire que profitable : car, qui osera faire des approvisionnemens pour l'étranger, puisque ces mêmes approvisionnemens peuvent être arrêtés au moment où on s'y attendra le moins ?

Mettre des entraves à l'exportation, ou lui imposer la moindre condition, c'est attenter à la propriété; c'est intervertir l'ordre de la société et abroger nos lois, qui ne sont fondées que sur ce droit de propriété, droit imprescriptible, et dont tous les hommes se servent chaque jour, sous l'autorité des lois, pour légitimer leurs actions.

Dès qu'il est de principe reconnu que la propriété est la première loi de l'État, il est de nécessité d'accorder une liberté indéfinie au commerce, qui n'est, au vrai, que le droit de vendre ce qui est à soi. Pour peu qu'on le gêne, on attente à la propriété. Quoi ! tous les hommes seraient d'accord que la propriété doit être intacte, parce que chacun a la sienne qu'il est bien aise de conserver, et il s'en trouverait qui ne voudraient pas que les fruits, provenant des possessions, suivissent la même règle, eussent les mêmes droits ?

Si on se sert, pour répondre, du motif de l'intérêt public, tant vanté et si peu connu, on dit alors qu'il ne faut donc pas se parer d'un vain titre et qu'il n'est plus de propriété, du moins pour celui qui se dévoue au service du public et qui se fait cultivateur. C'est donc encore, dit-on, la seule propriété sujette à une loi sévère : car, quoiqu'il soit vrai qu'on ne peut exister sans se mettre à couvert de l'intempérie des saisons, cependant il n'est point de loi qui force à céder sa maison à tel ou tel prix. Ainsi, si cette raison est écoutée, il faut aussi convenir que l'on ne peut pas se dire propriétaire absolu d'une terre que l'on possède.

Outre ces deux raisons d'État, la propriété et le commerce, il en est une troisième qui demande impérieusement une liberté indéfinie ; c'est l'agriculture. Que deviendront les cultivateurs, cette classe d'hommes si nécessaires, sans la liberté d'exportation ? Leur état d'indigence n'atteste-t-il pas le besoin qu'ils ont d'un encouragement ? Comment peut-on se persuader qu'ils s'efforceront de labourer la terre, lorsqu'ils ne seront pas sûrs de vendre le produit de leurs travaux ?

Et on ne veut pas que, si ce fermier se trouve dans une circonstance heureuse, si l'étranger a besoin des grains qu'il a fait croître, qui ne sont venus que par ses soins, il soit libre d'en disposer pour son plus grand avantage ! Il faut avouer que cette condition est bien dure.

Mais, dira-t-on, ce n'est pas le fermier qui profitera, c'est l'agent intermédiaire entre l'étranger et lui. Quelle objection ! Et que vous importe ? Il ne demande que d'être libre de disposer de son bien, son intérêt s'y trouvera ; il apprendra un jour à traiter, par lui-même, avec l'étranger qui sera dans le besoin.

Que l'État consulte ses vrais intérêts, il verra que ses folles terreurs vont précisément produire les dangereux effets qu'il a cru prévenir par ses défenses d'exporter. Les terres devenues incultes, par l'impossibilité d'en retirer les seuls frais nécessaires pour les faire valoir, préparent une disette d'autant plus disgracieuse, qu'il aura mis les nations voisines dans l'impossibilité de le secourir.

Tout bien considéré, la disette serait plus supportable; il serait plus facile d'y remédier, si elle provenait d'une trop grande exportation. Les citoyens, enrichis par les grains qu'ils auraient vendus, seraient au moins en état de payer le prix que l'étranger pourrait leur demander pour racheter les blés qu'ils lui auraient fait passer; mais si les grains manquaient, s'il n'y en avait pas, faute de culture, il faudrait nécessairement supporter tous les malheurs d'une famine réelle, d'autant plus révoltante qu'elle serait le résultat d'une fausse administration, et qu'elle porterait en pure perte sur tous les citoyens de l'État; lorsqu'en admettant la folle supposition d'une exportation forcée, du moins les cultivateurs et les commerçans auraient-ils fait rentrer beaucoup d'or dans l'État, par les bénéfices qu'ils auraient pu faire avant d'arriver au moment fatal de le rendre.

Mais oublions, pour un instant, la force de ces raisons, pour voir s'il est possible que la disette puisse exister avec une vraie liberté d'exporter et d'importer.

Que la France, ou tout autre Gouvernement, fasse un excès d'exportation, les grains en existeront-ils moins, il n'importe où ? Non, sans doute. Cela posé, le même intérêt qui les aura conduits à l'étranger, ne les reportera-t-il pas à ceux qui en auront besoin; et un bénéfice de cinq ou six pour cent (parce qu'il ne pourrait être plus fort, vu la concurrence de toutes les Nations et de tous les ports), serait, tout au plus, le léger tribut à payer au Gouvernement qui donnerait les secours (1).

---

(1) Il serait certainement bien douloureux pour le peuple

Une irrévocable liberté d'exporter et d'importer, est donc la plus sûre garde qu'il soit possible de mettre pour conserver les intérêts du cultivateur et du peuple, et pour arrêter les entreprises des monopoleurs. Pour ne rien laisser à désirer dans l'instruction d'une affaire aussi importante, pénétrons dans le sanctuaire de la justice, et voyons quels ont été les motifs qui ont déterminé les Cours Souveraines à enregistrer l'Édit de 1764. Qui peut mieux qu'elles avoir saisi ce qu'il y a de plus fort pour la liberté réclamée, comme devant être le *Palladium* de l'État ?

Dans le nombre des Magistrats qui ont défendu cette cause, il en est un dont l'opinion doit être d'un grand poids, par rapport

---

de voir renchérir les grains de cinquante pour cent : cependant, le setier donnant deux cent quarante livres de pain (en l'estimant rendre au plus bas possible), il se trouve que l'augmentation, par livre de pain, n'est pas aussi forte que le prix de cinquante pour cent parait l'énoncer.

En supposant le setier de grains valoir 24 liv. il peut être transporté de France en Hollande, ou ailleurs, et revenir en France sans faire (malgré les frais de transport et les bénéfices qu'il doit donner aux marchands) une augmentation de prix, par livre de pain, aussi considérable qu'on pourrait se l'imaginer.

En accordant, premièrement, dix pour cent au marchand, en France, pour son bénéfice ; secondement, dix pour cent de transport par setier ; troisièmement, dix pour cent pour le retour ; quatrièmement, dix pour cent pour le bénéfice que l'étranger y peut faire : il s'ensuivrait que le setier aurait augmenté de quarante pour cent. Si, cinquièmement, on y ajoute encore dix pour cent de faux frais ou déchet, cela fera cinquante pour cent d'augmentation, et portera le setier à 36 liv. au lieu de 24 liv. et la livre de pain à 3 sous, au lieu de 2 sous qu'elle devrait valoir, le prix du setier étant à 24 liv.

Cette augmentation d'un sou par livre de pain, quoique considérable, pourrait ne pas faire un effet aussi grand sur le peuple qu'on aurait pu le penser, après tant de frais, si tous les Ports étaient libres.

à la solidité de ses décisions et à l'étendue de ses connaissances. Tel est le Discours qu'il prononça au Parlement de Bretagne, le 20 août 1764, en proposant d'enregistrer ce fameux Édit de la même année :

Messieurs,

« J'ai l'honneur de vous annoncer le bienfait le plus signalé, dont Sa Majesté pût gratifier ses peuples ; la liberté » du commerce des grains.

» Après en avoir permis la libre circulation dans l'intérieur » du Royaume, par sa Déclaration du 25 mai 1763, le Roi » accorde, par cet Édit que j'apporte à la Cour, la liberté » entière de la sortie et de l'entrée : il permet à tous ses sujets » de faire commerce de toutes espèces de grains, légumes, » farines, etc., soit avec les règnicoles, soit avec les étrangers.

» C'est vous annoncer, Messieurs, l'augmentation et l'amélioration de l'agriculture, qui sera infailliblement la » source du rétablissement et de la prospérité du royaume.

» Enfin, grâces à Sa Majesté, et au Ministre qui régit » les finances, le système des prohibitions paraît abandonné » sans retour ; système fatal, qui défendait aux sujets du » même Souverain de se prêter de mutuels secours, et qui » interdisait, entre la France et les autres Nations, cette » communication dans les échanges du superflu avec le nécessaire, qui est si conforme à l'ordre de la divine Providence. *Les permissions particulières, cette ressource* » *inutile qui enrichissait quelques particuliers aux dépens* » *de la Nation, ne décourageront plus le cultivateur ;* » nous ne craindrons plus les disettes, ni, *ce qui était presque* » *aussi redoutable, la trop grande abondance des récoltes ;* » nous ne craindrons plus surtout *les variations excessives* » *du prix des grains, aussi nuisibles que la cherté même.*

» Enfin, nous pouvons espérer un plan d'impositions, équitable, fondé sur les vrais et uniques principes, la culture des terres et l'augmentation des richesses de l'État.

» Je ne m'arrêterai point, Messieurs, à prouver des vérités trop connues présentement, et portées au plus haut dégré de démonstration par tant de solides ouvrages, qui sont le fruit des lumières des citoyens zélés et éclairés.

» Qui ne sait que la terre seule donne les richesses, parce qu'elle seule produit et reproduit annuellement de nouvelles valeurs; que la vente des denrées est l'unique moyen de faire circuler l'argent, qui n'est que la représentation de richesses plus réelles, les fruits de la terre : qu'*un État riche en productions, qu'il peut vendre, sera nécessairement riche en argent; mais soit que ses denrées manquent ou qu'elles ne se vendent pas, il éprouve infailliblement le défaut de circulation des epèces, et tombe dans un engourdissement qui, par ses effets, équivaut à la pauvreté.* Il est donc certain que la plus utile de toutes les lois politiques, est celle qui donne la plus grande facilité à la vente des productions de la terre. Les consommations, l'impôt, le commerce même de la Nation, tout prend sa source dans la vente des denrées. *On ne peut donc trop étendre cette source, ni trop craindre de la resserrer, si elle tarissait, les maux de l'État seraient irrémédiables et sans bornes.*

» Je me réduirai, Messieurs, à quelques légères observations sur la nécessité de l'exportation de la principale denrée (le blé) : elles pourraient paraître superflues, puisque Sa Majesté en établit la vérité dans un Édit perpétuel et irrévocable; Édit conforme au vœu de la Nation qui l'a provoqué, à celui des États de la Province (1),

(1) Délibérations des 17 février 1759, 15 septembre 1760 et 7 septembre 1761.

» à l'expérience qui est la maîtresse des hommes, *au sentiment de Henry le Grand et de l'illustre Sully*, à » l'avis de tous ceux qui ont examiné cette question sans » prévention et sans intérêts ; examen dont personne n'a » jusqu'ici osé contredire, à la face du public, ni les raisons, ni les faits, ni les calculs. Mais il s'agit de rassurer » les timides, d'éclairer ceux qui ne sont pas encore assez » instruits, de donner de la confiance aux peuples. On ne » doit donc pas craindre d'établir des maximes qui assurent » le bien de l'État.

» Est-il besoin de longs raisonnemens pour prouver *que » défendre la vente des blés, c'est en défendre la culture;* » que cette prohibition a fait de la profession du laboureur, » quoique la plus nécessaire, la plus malheureuse des professions de l'État; que la liberté du commerce des grains, » au dedans et au dehors du Royaume, est le seul et unique » moyen de mettre le laboureur et le propriétaire en état » de subvenir aux charges publiques et particulières.

» Ne craignons point d'entrer dans des détails; l'expérience » est la base de tout ce qui est physique, le calcul en est » la mesure : on ne parvient à des maximes générales que » par la connaissance des faits particuliers.

» Les dépenses nécessaires d'une culture quelconque, sont » la semence, les labours, les engrais, les frais pour moissonner, pour serrer et conserver les récoltes. Il faut que » le cultivateur retire l'intérêt de ses avances, de quoi subsister, et faire subsister sa famille, payer le décimateur, » les impositions et le propriétaire, dont la dépense assure » la rétribution aux autres classes de l'État, qui, n'étant » composées ni de propriétaires, ni de cultivateurs, vivent » aux dépens de ceux qui le sont.

» La terre ne rapporte pas, tous les ans, le grain le plus

» précieux; il faut des années de repos; il faut compenser » les bonnes et les mauvaises années, et mettre en ligne de » compte les accidens imprévus, parce qu'il sont imman- » quables.

» Or, en calculant ses dépenses, au moindre taux pos- » sible, *il est certain que le setier de froment vaut à peine » au laboureur ce qu'il a coûté.* D'habiles agriculteurs ont » fait ce calcul, et ont invité tous les propriétaires à le faire eux- » mêmes : c'est une opération du ressort de tous les hommes, » et qui intéresse toutes les professions. Le produit net de » la culture des terres est l'unique source de la prospérité d'un » état agricole. Connaître exactement ce que peut rapporter » un arpent de terre bien cultivé, en différentes espèces de » denrées, suivant les différens terrains, est le problême » fondamental de l'agriculture, du commerce et de la finance.

» *Si le laboureur ne retire pas ses frais et de quoi satis- » faire à toutes les charges, les terres resteront incultes.* » comme il y en a plus de la moitié dans cette Province ; le » propriétaire languissant sera forcé d'essuyer des pertes et des » banqueroutes; le laboureur ruiné, mal vêtu, mal nourri, » vendra ses petites possessions, il embrassera, avec une » famille indigente, le parti trop commun et qui fait honte » à la Nation, celui de mendiant. L'État même sera en souf- » france; les impositions ne seront perçues qu'avec des peines » extrêmes et avec la plus grande rigueur; *et il faut convenir » que c'est là l'État du Royaume depuis plus d'un siècle.* » Dans toutes les Provinces, la terre porte, en une infinité » d'endroits, l'impression et les vestiges d'une culture aban- » donnée; des maisons découvertes annoncent la désertion et » la dépopulation; les Villes, et la Capitale même, sont » peuplées de pauvres, tandis que ceux qui ont causé la ruine » de tant de familles, et qui se sont enrichis de leurs dé-

» pouilles, font parade d'un luxe qui insulte à la misère » publique.

» Il est encore un autre principe qui prouve manifeste- » ment le trop bas prix des blés, et l'état malheureux du » cultivateur.

» Le prix du blé doit être proportionné à la valeur de toutes » les marchandises et de tous les ouvrages, qui, abstraction » faite de la matière, doivent coûter plus ou moins, suivant » le plus ou le moins de journées de l'ouvrier.

» Il n'est pas douteux que, depuis environ un siècle, les ou- » vrages et marchandises ont haussé considérablement de prix : » il n'y a personne qui, depuis cinquante ans, ne l'ait éprouvé.

» Le prix du blé, qui est la mesure de tout, aurait donc » dû hausser à proportion : cependant, non seulement il » n'a pas augmenté, mais c'est un fait certain qu'il a dimi- » nué considérablement, et qu'il fallait, il y a un siècle, » un poids d'argent plus fort pour payer le setier qu'il n'en » faut présentement.

» En 1649, le Substitut de M. le Procureur général, au » Châtelet, disait à la Police, dans son Réquisitoire du » 6 mars, comme une vérité connue, que le froment était » à 15 liv. le setier, prix commun (ce sont ses termes). » Or, ce même setier a été cette année 1764, dans Paris, » à 14 liv. et 14 liv. 10 sous. Il a moins valu dans les can- » tons voisins, et nécessairement dans les campagnes.

» On voit, par les appréciations faites à Paris, qu'il valut » 18 liv. 18 sous en 1649; 26 liv. 10 sous 5 den. en 1650; » 25 liv. 15 sous en 1651; et 24 liv. 18 sous en 1652.

» Donc le prix du blé a beaucoup diminué depuis 1649, » il y a cent quinze ans; et on ne peut nier que les autres » ouvrages et marchandises, les gages, etc., n'aient consi- » dérablement augmentés.

» Que penser, Messieurs, d'une si grande différence, » quand on fait attention que le marc d'argent était en 1649, » à 28 liv. 13 sous 8 den. c'est-à-dire, à presque moitié moins » qu'il n'est aujourd'hui (depuis 1726), à 54 liv. 6 sous.

» L'évaluation du setier de blé, monnaie actuelle, fut pen- » dant ces quatre années, prix commun, à 42 liv. 2 sous. » Ces prix sont calculés dans l'essai des monnaies, et dans » le livre de la police des grains. Doit-on être étonné, après » ces exemples, que Sa Majesté ait fixé le terme de l'expor- » tation à 30 liv. le setier, pesant 240 livres ?

» C'est donc une vérité démontrée, que le blé est à un » prix trop bas, proportionnellement aux avances, aux frais, et » aux dépenses du cultivateur, proportionnellement aux autres » ouvrages et marchandises; et par conséquent aux charges » publiques et particulières, dont le fardeau s'est nécessaire- » ment appésanti.

» Mais pour que le cultivateur retire ses frais et ses dé- » penses, qu'il puisse subvenir à toutes les charges, il ne » suffit pas même que le blé ait une certaine valeur; *il faut » que cette valeur soit constante, la moins sujette qu'il » soit possible aux variations. S'il n'a pas la sûreté de » vendre, et de vendre, tous les ans, à un prix avan- » tageux, cette incertitude lui ôte toute sécurité; il perd » le courage de cultiver.*

» Or, cela était impossible dans le système des prohibi- » tions, *dans le système des permissions passagères ou » particulières, souvent accordées au crédit, à l'importu- » nité, presque jamais exemptes de soupçon.*

» Un état dont l'agriculture est soumise aux lois prohibi- » tives, ne peut jamais cultiver que pour ses besoins; il » ne peut point faire de compensation entre les bonnes et » les mauvaises années, car un pareil état est pauvre *quand*

» *il a trop de grains*, et il est pauvre *quand il en manque.*
» La surabondance produit l'engorgement, et le défaut pro-
» duit la disette; l'*une amène le vil prix, et l'autre une*
» *cherté excessive.*

» Ces variations, l'alternative de la liberté et des prohi-
» bitions, laissaient le laboureur dans la crainte, et ne pou-
» vaient manquer de le jetter dans le découragement, par-
» ce qu'il était obligé de vendre, à quelque prix que ce fut,
» pour satisfaire aux avances annuelles. Il n'y a que l'ou-
» verture permanente des ports, et la libre exportation des
» grains, qui puissent remédier à ces inconvéniens. Dans
» les temps de surabondance, la liberté soutiendra la culture,
» parce que la certitude de vendre dans l'intérieur ou chez
» l'étranger, consolera le propriétaire et le fermier de voir
» leurs richesses oisives dans leurs magasins. Cette confiance
» les rassurera, dans les années de stérilité, contre les terreurs
» de la disette, qui causent souvent la disette même. Le
» désavantage des achats, dans les mauvaises années, sera
» réparé dans les bonnes, par des ventes avantageuses. Le
» pauvre se trouvera soulagé par les consommations abon-
» dantes du riche et par la circulation; il ne peut vivre si
» le riche ne lui fournit pas des moyens de subsistance; et
» celui-ci ne peut lui en fournir, s'il ne retire pas de la terre
» de quoi payer les rétributions et les salaires qui sont le prix
» du travail.

» *Mais, ce qui doit rassurer entièrement contre la di-*
» *sette, c'est l'uniformité constante du prix des grains*,
» que l'exportation amenera nécessairement. Le but princi-
» pal d'une exportation libre, n'est pas tant de vendre que
» de soutenir la denrée au meilleur prix possible, de recou-
» vrer cet équilibre qui s'entretient de lui-même dans le
» commerce de toutes les autres denrées.

» Le prix commun des blés, dans l'Europe, varie peu : » on sait qu'il n'est jamais au-dessous de 18 liv. le setier, » (c'est 24 liv. la charge de Rennes), et qu'il ne monte » guère au-dessus de 22 liv. dont le prix moyen est 20 » liv.

» Depuis un siècle, la France ne participait plus au prix » du marché commun de l'Europe, qui est le plus haut prix » possible; et c'est un fait notoire que la valeur des grains, » en France, a presque toujours été, depuis les prohibitions, » inférieure au prix du marché général. Par quelle fatalité » nous obstinerons-nous, en tenant nos denrées au-dessous » du prix courant entre les autres Nations, à perdre conti- » nuellement dans tous nos achats et dans toutes nos ventes » chez l'étranger ? Nous en avons fait, en 1748, 1749 et 1750, » la triste expérience. Depuis les malheureuses défenses d'ex- » porter, nos voisins avaient encouragé et payé la sortie des » grains. Ils ont cultivé avec émulation ; leurs campagnes » ont été couvertes de moissons; et dans ces années de di- » sette, nous, qui auparavant leur vendions des blés, nous » avons été forcés de leur payer le tribut de l'encouragement » qu'ils donnent à leurs concitoyens. Dans ces trois années, » les Anglais ont reçu de la France 10,465,000 liv.

» Il s'en suivait de cette mauvaise administration, premiè- » rement, que la France n'osait cultiver au delà de ses be- » soins, et que, ne pouvant jamais s'élever au delà du simple » nécessaire, elle devait infailliblement rester souvent au- » dessous, et conséquemment demeurer exposée à tous les » accidens des mauvaises années et des disettes.

» Secondement, qu'elle ne pouvait jamais faire de ses » blés un objet de commerce.

» Troisièmement, qu'elle perdait ordinairement, quoiqu'elle » pût souvent gagner.

» Enfin, que son agriculture devait toujours aller en dé-
» périssant, tandis que celle de ses voisins devenait de jour
» en jour plus florissante.

» La France, bien cultivée, ne peut jamais redouter la
» supériorité des autres Nations, en aucun genre; et elle
» serait trop heureuse si, par des réglemens prohibitifs,
» elle n'eut pas fermé elle-même la porte au travail et à
» l'industrie de ses habitans. *Le temps viendra peut-être*
» *où chaque Nation, réduite aux exportations de son crû,*
» *ne vaudra qu'en raison de l'étendue, de la fertilité de*
» *son sol et de sa situation.* La France, à tous ces égards,
» a les plus grands avantages; elle porte du blé à l'équi-
» valent des pays les plus fertiles; souvent elle en porte pour
» une année et demie, *quelquefois pour deux ans*, et elle
» craint toujours d'en manquer. Il est inconséquent de craindre
» que dans des années de disette, c'est-à-dire, de cherté,
» on fasse sortir le blé pour le vendre dans des lieux où il
» serait abondant et à meilleur marché; *la crainte ne serait*
» *fondée que dans le cas où la disette affligerait l'Europe*
» *entière.* La facilité d'un commerce libre est le remède pour
» la disette comme pour la grande abondance des denrées;
» elles se portent le plus naturellement où elles sont le plus
» demandées.

» La liberté de l'exportation va lever les barrières qu'avait
» posées une gêne qui attaque les fondemens de la société.
» Il ne sera plus défendu aux citoyens de jouir du fruit de
» leurs travaux. Le blé ne sera plus une marchandise pro-
» hibée ou de contrebande. Nous pouvons nous livrer à l'es-
» pérance flatteuse de voir renaître l'abondance, et par une
» suite nécessaire, un commerce florissant qui suit toujours
» l'abondance des denrées.

» Faut-il en dire davantage, Messieurs, pour établir la

» confiance et la tranquillité ? Quand on a des principes » certains, on ne doit jamais craindre d'en tirer des consé» quences justes.

» *Des objets d'une aussi grande étendue, qui tendent » à augmenter les revenus du Roi et de la Nation*, ne » se réduisent pas, comme on voit, à la fourniture du pain » dans les marchés. Cette fourniture, quoi qu'essentielle, n'est » qu'une branche de l'économie Nationale dont le commerce » des blés est l'agent et le moteur général, parce qu'il im» prime le mouvement à l'achat et à la vente de tout le » reste. Cependant, comme c'est un des points le plus im» portant de la législation, et celui qui fait le plus d'im» pression sur l'esprit des peuples, il est juste de le rassurer » à cet égard et de prévenir les terreurs.

» Il doit y avoir une proportion constante entre le prix » du blé et celui du pain. Il y a plusieurs villes de la pro» vince où il n'y en a point, du moins où elle n'est ni » assez connue ni exactement observée. Dans quelques-unes, » le prix du blé est d'un sou et de 15 den. la livre; et le » prix du pain est de deux ou trois ou quatre sous, prix » exorbitant qui provient de l'ignorance ou du monopole des » boulangers. S'il y avait une bonne administration de po» lice, il ne serait pas impossible que le prix du blé haussât » dans le Royaume, et que le prix du pain diminuât; béné» fice immense pour les peuples, dont le profit presqu'entier » serait en faveur du cultivateur. Il manque un tarif public, » qui exprime quelle doit être la valeur du pain, relative» ment à celle du setier de blé.

» Il y a déjà du temps, messieurs, que je me suis occupé » de cet objet, et j'espère vous mettre bientôt sous les yeux » des procès-verbaux faits avec la plus grande exactitude, » à l'Hopital général de Paris et à Valenciennes, et une

» instruction pour les boulangers, fondées sur des expériences » assurées. Je vous proposerai un tarif en conséquence de » ces utiles opérations. Il me reste à vous parler des restric- » tions apposées par l'Édit à la libre exportation.

» Nous eussions souhaité que la liberté fut entière et in- » définie dans tous les Ports, qu'il n'y eût aucune limita- » tion qui restreignît cette liberté; que l'exportation fût » exempte de tous droits, parce que la liberté seule peut » étendre et soutenir le commerce des denrées et favoriser » la consommation, parce que la moindre gêne en arrête » le cours, parce que les plus petits droits sur les ventes » ou sur les achats (car cela est égal) est un impôt qui » en fait tarir la source, parce qu'enfin l'augmentation des » frais de transport fait perdre à la Nation des revenus consi- » dérables, et détruit nécessairement sa concurrence avec les » autres Nations.

» Cependant, je n'ai garde de considérer ces restrictions, » ni même les droits contenus dans l'Édit, comme des dis- » positions fiscales : il porte trop de marques de la bienfai- » sance du Roi et de son amour pour ses peuples. Convaincu » de la vérité des principes qui y sont établis avec tant de » force et de noblesse, il a déféré à des craintes populaires » qui, bien que peu fondées, sont naturelles à l'indigence. » Il a pensé, peut-être, que des préjugés enracinés par une » longue habitude, devaient plutôt être détruits par l'expé- » rience que par l'autorité. C'est donc entrer dans ses vues » que de lui faire, à cet égard, les représentations qui sont » du bien de l'État.

» Pour ne laisser aucune inquiétude à ceux qui ne sen- » tiront pas assez les avantages que doit procurer la liberté » du commerce, Sa Majesté a jugé à propos de fixer un prix, » au delà duquel toute exportation hors du Royaume serait

» interdite : il est porté à la somme de 12 liv. 10 sous le » quintal, par l'art. VI de l'Édit, et il est ordonné que, » lorsque ce prix se sera soutenu dans le même lieu pendant » trois jours de marchés consécutifs, la liberté sera suspen- » due de plein droit dans ce lieu, et que pour la rétablir » on sera tenu de s'adresser au Ministre des finances. Il n'y » a aucun inconvénient à la fixation de 12 liv. 10 sous, comme » on a vu par le prix des grains du marché commun de » l'Europe : mais, n'est-il pas à craindre que par des ma- » nœuvres particulières, quelques personnes avides ne sur- » haussent, pendant quelques jours, le prix des grains, afin » de fermer un port, et de profiter de l'avilissement du prix » qui suivrait nécessairement la prohibition. Il paraîtrait donc » juste, pour arrêter le monopole, que la sortie étant in- » terdite de plein droit, lorsque le prix se sera soutenu à » 30 liv. le setier, ou, ce qui est la même chose, à 12 liv. » 10 sous le quintal, pendant trois marchés consécutifs; elle » fût aussi rétablie de plein droit, lorsque pendant trois » marchés le prix du setier serait au-dessous.

» Je conviens qu'en bornant le nombre des ports, on a » envisagé l'avantage d'avoir des états réguliers de l'impor- » tation et de l'exportation; mais on me permettra de re- » marquer, d'un autre côté, que cette fixation met des bornes » aux bonnes intentions de Sa Majesté, et qu'elle est même » contraire à l'esprit de l'Édit; car les principes qui y sont » établis sont vrais partout, ou ils ne le sont nulle part. » Fixer un certain nombre de ports, c'est favoriser une petite » portion des sujets aux dépens de l'autre, et préjudicier à » la plus grande partie. Il paraîtrait plus naturel que l'ex- » portation fût permise indistinctement par tous les ports, » du moins par tous ceux où il se trouve des Commis en » état de tenir des registres des entrées et des sorties.

» On peut assurer, d'ailleurs, que le nombre de vingt-sept » ports, pour toute la France, est trop peu considérable; que » six ports pour la Bretagne ne sont pas suffisants. L'art. IV » en a fixé huit pour la Normandie, dont les côtes ne sont » pas si étendues.

» Depuis Saint-Malo jusqu'à Morlaix il y a quarante ou » quarante-cinq lieues de côtes sans désignation de Ports : » elles comprennent les Évêchés de Saint-Malo, de Saint-» Brieux et de Tréguier, contrées aussi abondantes en blé » qu'aucune autre province : on y trouve les ports de Leguay » ou Saint-Brieux, de Binic, de Pontrieux, de Tréguier et » de Lanion. De Morlaix à Brest, dix-huit ou vingt lieues de » côtes où il n'y a aucun Port marqué; de Brest au Port-» Louis, vingt-cinq ou trente lieues de côtes où l'on aurait » pu désigner Audierne, Quimper, Pont-l'Abbé, Pont-d'Avoine, » Concarneau, etc. d'où il se tire beaucoup de grains; de » même Hennebon et Auray, Entre le Port-Louis et Vannes; » le Croisic, Redon, etc. entre Vannes et Nantes. Tous ces » lieux sont fertiles en blés; et si on n'a pour objet que » d'avoir des déclarations, il y a dans tous ces Ports, même » les plus petits, des Commis aux Ports et Havres, des Commis » aux Devoirs, ou des Contrôleurs qui pourraient recevoir » les déclarations et les droits, tenir registre des importa-» tions ou exportations.

» Si l'on dit que de ces Ports, les commerçans pourront » transporter dans ceux qui sont indiqués; outre que c'est » une augmentation considérable de frais, des risques pour » les bâtimens, et nécessairement une diminution du prix » des denrées; ce sera un sujet de chicanes et d'incidents de » la part des Commis, sur la quantité et la qualité des grains, » de graines, etc. pour les acquits à caution, et conséquem-» ment des embarras dans le commerce.

» Faudra-t-il, par exemple, de Paimbœuf, qui est à l'entrée de la Loire, remonter cette rivière jusqu'à Nantes » pour faire sa déclaration ? Ou le Commis de Nantes se contentera-t-il de celle qui aurait été faite à Paimbœuf?

» *J'ajoute que la liberté de sortir par tous les Ports favoriserait la navigation Française, qui paraît être un* » *des objets que Sa Majesté s'est proposée ;* car il en résulterait une augmentation de navigation de terre à terre et » de Port à Port. On sait que le cabotage est l'école et la » pépinière des Matelots.

» Il est vrai qu'afin de favoriser cette navigation, l'Édit » assure aux vaisseaux et aux équipages Français, exclusivement à tous autres, le transport des grains ; mais, pour » profiter de cette faculté, nous n'avons peut-être ni assez » de bâtimens ni assez de matelots. Personne n'ignore que » le prix du fret est plus considérable, en France, que chez » plusieurs Nations. On croit donc qu'il serait à propos de » demander à Sa Majesté la permission de se servir de tous » vaisseaux indistinctement, au moins pendant deux ou trois » ans.

» Quant aux droits établis par l'art. VII, quoiqu'ils n'aient » pour objet que d'instruire exactement de la quantité du » blé qui entrerait dans le Royaume et de celle qui en sortirait ; la différence d'un pour cent du droit d'entrée sur » le froment, et de trois pour cent des seigles et autres » menus grains, peut paraître extraordinaire, en ce que, » dans les années de disette, qui seraient les seules où les » entrées auraient lieu, cette différence tournerait au désavantage des pauvres qui, la plupart, ne vivent que de seigle. » Enfin, l'émolument qui peut provenir de tous ces droits » est si peu considérable pour les finances de Sa Majesté, » et le dommage qui en résulte pour ses sujets est si grand,

» par les diminutions immenses sur la totalité du prix des » grains du Royaume, qu'on est persuadé que sa Majesté » voudra bien les supprimer, en tous cas les modérer, et » ordonner qu'ils ne pourront jamais être augmentés, sous » quelque prétexte que ce soit.

» J'ai cru, Messieurs, ces représentations nécessaires : elles » n'ont pour but que de remplir les vues de Sa Majesté, et » elles ne tendent qu'*à favoriser la concurrence, avec les » autres Nations, dans le commerce des blés.* Mais nous » ne devons pas nous flatter de l'obtenir sitôt, tandis que » les droits, quoique modiques, les entraves que nous at- » tachons au commerce, la culture peu abondante, feront » naître le découragement, et que nos voisins donneront des » encouragemens pour exporter.

» Je requiers, pour le Roi, que l'Édit de Sa Majesté con- » cernant la liberté de la sortie et de l'entrée des grains dans » le Royaume, donné à Compiégne au mois de juillet 1764, » soit enregistré pour avoir son effet, suivant la volonté du » Roi; que copies collationnées d'icelui soient envoyées dans » toutes les Sénéchaussées royales et Sièges royaux de ce res- » sort, pour, à la diligence de mes Substituts audit Siège, » y être pareillement publié et enregistré; et du devoir qu'ils » en auront fait en certifier la Cour dans le mois.

» Je requiers, au surplus, qu'il soit fait à Sa Majesté de » très-humbles supplications sur les objets contenus en mon » réquisitoire. » *Signé*, DE CARADEUC DE LA CHALOTAIS.

Le Parlement, Chambres assemblées, enregistra le 22 août, et arrêta de faire les représentations demandées par le réquisitoire de M. le Procureur général.

Si on ajoutait, à une pièce aussi forte, l'enregistrement de tous les Parlemens du Royaume, les Mémoires et Lettres du Parlement de Toulouse (1) et de Grenoble (2), des Intendans qui ont donné leurs avis sur cette matière, le parti opposé serait surpris de la quantité de témoignages donnés en faveur de la liberté d'exporter les grains (3).

---

(1) Le Parlement de Toulouse s'exprime ainsi dans une lettre au Roi : « Puisse Votre Majesté se convaincre qu'il ne » manquera à la plus grande prospérité de la France, que la » liberté indéfinie de transporter des grains chez les étran- » gers, etc.

(2) M. de Bérulle, premier Président au Parlement de Grenoble, disait à M. le Contrôleur Général, dans sa lettre du 13 juin 1768 (c'est-à-dire, quatre ans après l'enregistrement de l'Édit de 1764.)

« Qu'il nous suffise de vous observer, Monsieur, qu'avant » que la liberté des grains fut introduite, les marchés de la » Province, dépourvus de cette denrée nécessaire, dès la pre- » mière année de stérilité, parce que nul autre n'osait lui en » fournir, n'offraient de subsistance qu'aux citoyens aisés qui » se trouvaient en état de donner un prix excessif du peu qui » s'y rencontrait; au lieu que trois récoltes des plus mau- » vaises que l'on ait eues depuis longt-temps en Dauphiné, » l'ayant successivement désolé depuis cette époque, l'abon- » dance des grains n'en a pas moins subsisté dans tous nos » marchés, sans exception d'un seul, et à un prix très-inférieur » à celui qu'on les payait auparavant dans les temps de disette.

» Ajouterons-nous (disait encore ce Magistrat), qu'une » foule de bras inutiles, et qui laissaient précédemment une » partie de leurs terres incultes dans différens cantons de cette » Province, parce qu'ils n'attendaient alors d'autres fruits de » leurs travaux, qu'une subsistance superflue dans des temps » d'abondance, et une ressource insuffisante dans ceux de » calamité, s'occupent à présent à l'envie les uns des autres, » par l'appas du profit qu'ils sont toujours certains d'en retirer. »

(3) On lit dans un mémoire de M. Ferrand, Intendant de Dijon : « un des plusgrands inconvéniens auxquels les peuples » de la Bourgogne soient sujets, est la non valeur des blés, qui

Les Mémoires imprimés qui ont paru dans le public, pour la défense de la liberté, sont très-nombreux, et servent à prouver que bien des hommes étaient d'accord avec les Cours Souveraines. Les Ministres, le Prince enfin, en a senti la nécessité et s'est rangé de ce parti.

Le public, dont on ne peut compter les suffrages, cet être, tranquille, tant qu'il ne souffre pas, turbulent à l'excès quand il croit ses intérêts blessés, paraît attendre à se décider selon les circonstances. Il ne prononcera jamais s'il ne voit une certitude indépendante des événemens. C'est en vain que l'un et l'autre parti s'efforcent de se l'attacher par des raisonnemens : il ne voit, dans les défenseurs de la liberté, que des homme attachés aux intérêts des propriétaires des terres ; et dans le parti contraire, lorsque l'abondance lui fait perdre ses craintes, que des êtres dans lesquels il ne

---

» ne vient que du manque du débit et de consommation. Les » Suisses et les Genevois sont les seuls qui puissent faire ce » commerce; ils ne le font, toutes fois, qu'*avec permission* » *de la Cour ;* ce qui engage de toute nécessité les vendeurs » et les acheteurs à une contrainte d'autant plus préjudiciable » qu'elle n'est fondée sur aucune juste raison. »

M. le Pelletier de la Houssaye, intendant d'Alsace, dit que « le commerce du blé (dans la Province d'Alsace) . qui » était autrefois fort grand avec la Suisse, est réduit à une » très-petite quantité. Si la paix rétablit l'*ancienne liberté*, » ce sera certainement un très-grand avantage pour la Pro- » vince, parce que, faute de débit et de consommation suf- » fisante, les grains sont trop à vil prix. »

M. de la Bourdonnaye, Intendant de Rouen, s'explique encore plus fortement : « Il abordait autrefois à Rouen beaucoup d'é- » trangers, au grand avantage du commerce; les villes du » Havre et de Honfleur y prenaient part, et surtout à celui » des grains, dont le pays de Caux produit plus qu'il n'en peut » consommer. Mais tout le commerce semble se perdre par » l'abattement des peuples qui ne font aucune consommation, » et par la non-valeur du blé, qui est telle que le laboureur » n'est pas remboursé de ses frais. »

peut mettre sa confiance, puisqu'ils savent si peu balancer les intérêts de la totalité des citoyens.

Afin de se rendre cette hydre favorable, les partisans de la liberté croient l'attirer à eux par un raisonnement assez propre à la séduire.

Si le prix des grains, disent-ils, venait à augmenter par l'exportation, si toutes les Nations en haussaient le prix, (ce qu'il faudrait absolument pour que la France en souffrît, puisque tous les greniers de l'Europe seraient autant pour elle que pour l'Espagne, le Portugal, l'Italie et la Hollande, etc.) Il s'ensuivrait que, de toute nécessité, la main-d'œuvre devrait renchérir; ce qui serait un bien pour la France, *particulièrement*, puisque la population, dans le peuple, est plus nombreuse que dans aucune autre Nation.

N'est-il pas temps que cette malheureuse partie de la société soit secourue? Tout est augmenté; les denrées que l'on range dans la classe de seconde nécessité, et les autres choses nécessaires à la vie, mais qui n'en sont pas moins d'un besoin absolu, ont doublé et triplé, dans certaines Provinces, lorsque le prix de la journée est resté au même taux. Quand viendra le moment où les hommes riches daigneront associer l'homme indigent à leur bien-être, puisque c'est uniquement par lui qu'ils jouissent des douceurs de la vie? Quand, enfin, les travaux manuels seront-ils proportionnés aux prix des choses? Et quel moyen plus certain de le faire que de mettre la denrée la plus nécessaire en communauté avec toutes les Nations de l'Europe. Tout se balancera par ce seul moyen; il faut tant pour vivre, tant pour se vêtir et se loger; donc un homme qui n'a que ses bras, pour exister et faire exister les siens, doit gagner tant.

C'est par une certitude de vente pour les propriétaires, et par une égale certitude pour le peuple d'avoir des grains à un prix raisonnable, que l'on verra naître l'aisance de l'État, dont l'agriculture sera le garant.

La seule vraie richesse, le seul moyen d'attirer l'or des Nations étrangères qui ont besoin de grains, est une exportation libre et entière. Les fonds provenant de cette vente à l'étranger, se répartissant peu à peu entre le peuple, on verra disparaître le besoin dans la même proportion que les récoltes se multiplieront.

Toutes ces raisons sont fortes, cette perspective est attrayante; mais, avant de prononcer, il faut voir ce qu'il est possible d'y répondre.

CHAPITRE II.

Réponses du parti opposé à ceux qui tiennent pour la liberté d'exporter.

A des raisons aussi séduisantes que celles que l'on vient de lire, on en oppose de non moins puissantes.

Les opposans à la liberté, qui se qualifient du titre de défenseurs du peuple, disent que la propriété n'est point blessée, quoiqu'asservie à fournir aux besoins des citoyens.

Toutes les terres n'ont dû et n'ont pu être achetées que sous la condition tacite de fournir, de préférence, les fruits provenant de ces terres aux hommes du Gouvernement dans lequel elles sont situées. Si on remontait aux anciens usages qui ont gouverné les hommes, on trouverait que la terre étant plus que suffisante pour les nourrir, ils n'eurent pas besoin de faire des lois positives sur les grains.

Les Romains plus nombreux, plus rassemblés que n'avaient été leurs ancêtres, répartirent entr'eux, et par plusieurs fois, les terres du domaine de cette Capitale du monde; preuve certaine qu'ils estimaient qu'elles devaient être en commun, et qu'à plus forte raison la récolte ne pouvait leur être enlevée sans préjudicier à leurs droits.

Les temps amenèrent un autre ordre de choses. L'état de guerre dont l'Europe fit profession pour anéantir ce colosse d'empire, fit naître la féodalité. Les domaines envahis par les grands, et ceux qui firent profession des armes, donnent l'époque de la servitude du peuple, qui resta attaché à la terre et promit de la cultiver, à condition que ces hommes d'armes, devenus possesseurs, fourniraient à son existence et à ses besoins.

On ne voit point encore que, jusques-là, il ait été nécessaire de faire un code pour les blés, parce que c'était à chaque chef de pourvoir à la subsistance de ses vassaux, et que la vaste étendue des domaines était plus que suffisante pour fournir à la nourriture du petit nombre d'hommes qui les occupait.

Cependant la population augmentait; et comme la guerre et les cloîtres, les seuls métiers du temps, n'étaient pas assez puissans pour en arrêter les progrès; alors une émigration était le remède à cette surabondance, de même qu'un essaim trop resserré dans sa ruche, se partage pour aller former un nouvel établissement.

L'Europe était assez grande pour trouver où s'étendre; et les terres, encore neuves, produisaient sans beaucoup de soins (1). La population augmenta; cela devait être, surtout dans un climat tel que la France. Les Villes s'agrandirent; la société s'éclairant, les arts naquirent ou s'accrurent; et la guerre, ce fléau destructeur qui avait été la cause de la servitude des hommes, prépara les beaux jours dont

(1) Les bois qui couvraient une partie de la France ont été peu à peu abattus, à mesure que la population s'est accrue, et des campagnes fertiles ont remplacé des forêts.

ils devraient jouir sous un équitable Gouvernement, s'ils avaient d'heureuses lois.

Les Croisades compensèrent les maux qu'on rejette sur elles, par les affranchissemens auxquels elles donnèrent lieu, et l'aurore de la liberté se leva sous le règne de Louis le Gros, par l'établissement des communes.

C'est donc de la fin du onzième siècle que l'on peut, à peu près, commencer à compter la sortie des terres, des mains de ceux qui les avaient usurpées sur la société, pour rentrer dans celles du peuple, soit par achat ou par afféagement. Il est, je pense, bien certain que la France ne connaissait point alors le commerce des grains à l'étranger; chaque Nation cultivait pour elle, le transport aurait été trop difficile (1).

Les choses étant ainsi, ne sera-t-il pas permis de demander à ceux qui réclament la propriété, pour établir un commerce illimité, quel pouvait être le droit des premiers vendeurs de ces terres? A quel titre s'en étaient-ils emparés, ou à quelles conditions les Souverains les leurs avaient-ils concédées? Il est impossible de se refuser à penser que la féodalité étant établie, et que prenant ou recevant la terre avec les hommes qui se trouvaient l'occuper, et qui devaient et la desservir et servir le maître, la première condition était de pourvoir à la subsistance des esclaves ou des serfs, selon qu'on voudra les nommer.

Lorsque les premiers possesseurs de ces domaines, concédés ou envahis, les aliénèrent, purent-ils le faire à une autre condition que de remplir celle qu'on leur avait imposée, celle de nourrir leurs vassaux?

---

(1) Point de chemins publics; et très-peu de navigation, étaient de furieuses entraves au commerce; et je ne crois pas qu'il y ait d'Ordonnances pour la Police des grains, depuis les Capitulaires de Charlemagne jusqu'en 1304.

Les acquéreurs ou les engagistes de ces domaines, purent-ils se dissimuler cette indispensable obligation, qui n'a jamais eu besoin d'être exprimée ? Ces terres ont pu changer cent fois de propriétaires, sans que les hommes qu'elles ont vu naître aient pu renoncer à ce droit; et quand ils l'auraient fait, la génération existante serait dans l'équité en réclamant contre. Ces conditions existent donc encore comme elles ont toujours existé ; c'est-à-dire qu'un homme qui vend une terre ne fait autre chose que de transporter, à celui à qui il vend, le droit d'en nourrir les vassaux, de préférence à tous autres, parce qu'ils lui donneront en échange ou leur travail ou leur argent (1).

Mais, dira-t-on, tout n'est pas aujourd'hui maître ou vassal comme autrefois; il est des hommes libres qui ne tiennent à aucun Seigneur. Les habitans des Villes, les artisans, les hommes enfin qui n'ont aucune possession, par qui seront-ils nourris ? N'est-ce pas attaquer la propriété que de vouloir forcer les cultivateurs de leur préparer une subsistance qui n'est tout au plus due qu'aux vassaux qui représentent les anciens serfs.

Voilà un sophisme. Tout homme est né sujet; les petits relèvent des grands; les grands relèvent du Prince, et ceux qui n'ont point de terres appartiennent à l'État. Or, comme les terres sont, dans la vérité, le patrimoine de chaque Gouvernement, il est donc évident que tout sujet de l'État a un droit sur le produit de ces terres, sans que pour cela la propriété soit blessée.

(1) Dans les temps de la féodalité, l'alternative n'était pas admise; le travail du serf était d'obligation, puisqu'il n'avait rien à lui; mais par les affranchissemens, l'argent ou les redevances ont succédé aux travaux, ce qui est la même chose sous une autre dénomination, sans être toutefois asservi à une servitude réelle.

Pour que les propriétaires pussent se plaindre des droits du peuple sur le produit de leurs possessions, il faudrait auparavant qu'ils consentissent à repartir entr'eux les charges de l'État: car si tout citoyen qui n'occupe aucun domaine paye cependant une portion des impositions, il est certain qu'il vient au secours du propriétaire qui, possédant les seules vraies richesses, devrait être aussi le seul à fournir aux dépenses nécessaires pour la conservation de sa propriété.

Et qu'importe à un homme qui n'a nulle possession, nul fonds, qui n'aurait pas plus de droit à la récolte qui se fera dans le Gouvernement où il est né, qu'à celle qui doit se faire dans une terre étrangère, que l'ennemi vienne saccager les moissons qui l'entourent. Son industrie, son travail, son or, sont de tous les pays, et n'appartiennent véritablement qu'à celui qui le nourrira. Je dirai plus, il ne fera de vœux légitimes que ceux qu'il formera pour le Gouvernement qui lui conservera sa subsistance. L'illusion est donc complette quand on dit que les droits de la propriété sont détruits si l'exportation des grains ne jouit pas de la plus grande liberté.

Mais d'où peut venir une erreur aussi générale? Comment s'est-il pu faire que la propriété ait subjuguée les esprits au point de faire oublier les droits du peuple? Rien de si simple: l'intérêt doit, avec le temps, l'emporter sur tout; or, les propriétaires, les cultivateurs et le commerce, rassemblés, composent la classe la plus nombreuse et la plus puissante de la société; donc le peuple devait être sacrifié, première raison. Secondement, lorsque deux vérités, également nécessaires à la constitution d'un Gouvernement, s'entre-choquent cependant ouvertement, de même que la propriété et les droits du peuple se heurtent, il en doit alors résulter une foule d'erreurs, parce que la frauduleuse méthaphysique soutient les deux partis avec d'autant plus d'apparence;

que ses raisonnemens sont déduits de principes vrais. Il faut donc une troisième vérité pour concilier les deux premières, et qui écartant l'esprit, (qui veut s'instituer pour juge dans une cause dont il ne doit pas connaître) laissera à la raison à prononcer.

Les prétentions du commerce sont encore plus mal fondées que celles de la propriété. Vous voulez, lui dit-on, vous charger d'entretenir l'abondance des grains dans toute l'étendue du Royaume, et protéger l'agriculture et les cultivateurs.

Mais, quelle certitude donnerez-vous de ne laisser jamais l'État manquer de grains ? A quel prix les vendrez-vous ?

Dans le premier cas, *faites donc une soumission solidaire,* afin de répondre à l'État des événemens qui en pourraient arriver (1). Vous conviendrez que, l'exportation ouverte, le commerce peut, dans quelques momens, transporter à l'étranger beaucoup au delà du superflu, et laisser au Gouvernement des dépenses énormes à faire, pour remplir le vuide que l'appas du gain aura occasionné. Cette manière d'agir est certainement lucrative pour vous, et il est permis de croire que ce qui est arrivé vingt fois se verrait encore ; mais serait-il prudent à l'État d'y consentir, et il est juste de le demander.

Secondement, à quel prix les vendrez-vous ? L'expérience dit que ce sera au plus haut possible. En vain, direz-vous que le prix *commun* des blés (au marché général de l'Europe, et depuis cent ans) est de 20 ou 24 liv. le setier; qu'ainsi il n'est point de risques à courir. Ce raisonnement

(1) Il faudrait au moins que le commerce s'engageât à faire rentrer autant de grains qu'il en aurait fait sortir, si l'État en avait besoin.

serait unique si, dans l'intervalle de ce temps, il ne s'était pas trouvé, par plusieurs fois, à 60 liv. le setier, et même au delà.

On conviendra sans peine qu'il est impossible, qu'à ce prix, le peuple ait une certitude d'existence; et comme il suffit d'être privé, pendant quelques jours, de ce nécessaire aliment pour cesser d'être, il n'est point de terme pour exprimer la faute du Gouvernement, qui se met dans le cas d'essuyer ce malheur. La quantité d'êtres qui ont succombé en pareille circonstance, ne peut être nombrée. Une longue guerre n'est pas si cruelle que huit jours de disette, parce que cette dernière assassine du même coup la seule espérance de l'État, les enfans, qui ne peuvent soutenir une si longue privation, et porte encore atteinte à la santé des hommes déjà formés et qui ont pâti.

L'essai fait en 1764, pour tenter l'expérience de l'exportation, est une leçon que la France ne doit pas oublier de long-temps. La facilité des Parlemens, pour l'enregistrement de cet Édit, et tous les avis donnés pour en étayer la nécessité, ne peuvent balancer les preuves de l'événement qui en a été la suite. L'erreur est commune à tous les hommes.

Dès 1767, la disette commença à se faire sentir, et l'autorité des lois dont les Parlemens s'étaient servis pour légitimer l'exportation, fut employée avec encore plus de force pour en arrêter les abus. C'est dans cette année 1767 que le Parlement de Paris prit l'arrêté suivant :

« M. le Premier Président sera chargé de supplier très-» humblement le Seigneur Roi de vouloir bien prendre des » mesures pour faciliter la subsistance du pauvre peuple, » *que la cherté excessive du pain*, jointe à la surcharge » des tailles et à la multiplicité des impôts, met sur le point » de manquer du plus nécessaire au milieu de la paix. »

Les négociations traînèrent entre la Cour et le Parlement, depuis le 22 décembre que M. le Premier Président fit ses représentations, jusqu'au 28 novembre 1768. Les grains, pendant cet intervalle, ne firent qu'augmenter; et le mal devint si grand, que ce jour 28 novembre fut choisi pour faire une assemblée que l'on nomma assemblée générale de Police, où tous les Corps et Compagnies furent invités de se trouver par députés. Des Prêtres de chaque Chapitre, et des Religieux des principales Communautés, y furent mandés; le peuple fut représenté par des notables. Enfin cette assemblée retraçait les anciens États du Royaume.

La matière mise en délibération, il fut presque unanimement décidé que l'exportation était contraire aux anciennes lois, aux intérêts du peuple; et M. le Premier Président, en ayant rendu compte aux Chambres assemblées du Parlement, on y arrêta, le 2 décembre, de faire les représentations suivantes :

« La Cour, toutes les Chambres assemblées, délibérant » sur le récit fait par M. le Premier Président, de ce qui » s'est passé en l'assemblée de Police générale, le 28 du mois » dernier, en exécution de l'Arrêt de ladite Cour, les Chambres » assemblées, du vendredi 25.

» Arrêté qu'il sera fait au Roi de très-humbles et très- » respectueuses représentations à l'effet de lui représenter.

» Que déjà depuis long-temps les effets qui ont suivi la » nouvelle législation sur le commerce des grains, avaient » donné lieu de douter qu'elle fut aussi utile qu'on se l'était » promis.

» Que ces doutes annoncés d'abord audit Seigneur Roi » par plusieurs démarches particulières, devenant de jour en » jour plus pressant, la Chambre des Vacations de son Par- » lement s'était crue obligée de les lui représenter avec la

» respectueuse retenue que lui imposait, sur la matière de » sa réclamation, la volonté dudit Seigneur Roi, revêtue » de la solennité de l'enregistrement.

» Que cet enregistrement serait pour son Parlement une » source de regrets, si des Magistrats pouvaient jamais se » repentir d'avoir témoigné, avec trop d'empressement, leur » soumission et leur confiance pour ce qui était présenté sous » le nom respectable dudit Seigneur Roi, et s'ils n'étaient pas » assurés que le mal, une fois connu, trouvera un prompt » remède dans la sagesse dudit Seigneur Roi.

» Que la durée et l'augmentation de la cherté du pain et » des grains ont porté ce mal à un tel excès, que les indi- » gens sont réduits au découragement et au désespoir, et que » tous les citoyens souffrent et gémissent, à l'exception peut- » être de quelques particuliers ardens à s'enrichir sans pitié » de la misère publique.

» Que les larmes du pauvre, les plaintes universelles, en » un mot, la voix du peuple qui, dans cette matière plus » qu'en aucune autre, est la voix de Dieu, c'est-à-dire, l'ex- » pression de la vérité même, indiquaient suffisamment quel » était le vœu général des vrais citoyens ; mais que son Par- » lement a voulu pouvoir présenter de leur part audit Sei- » gneur Roi un vœu encore plus réfléchi et plus formel.

» Que pour y parvenir il a réuni les lumières et consulté » l'opinion de citoyens recommandables de tous les États, dans » une Assemblée de Police générale.

» Que là, le noble et le roturier, le bourgeois et le mar- » chand, le pauvre et le riche, le propriétaire des biens fonds » et le commerçant, le solitaire et l'homme public, les mi- » nistres de la Religion et ceux de la Justice, rassemblent » leurs connaissances et réunissent leurs sentimens pour le » bien de la Patrie et le service dudit Seigneur Roi.

» Qu'environnés de tant de citoyens, les Magistrats de son » Parlement ont ressenti une joie bien sensible ; et que le cœur » dudit Seigneur Roi lui-même eût été attendri, de voir qu'au » milieu de leurs besoins et de leurs peines, le premier soin, » et auquel tout autre a cédé dans tous les cœurs, a été d'ex- » primer leur reconnaissance des secours que la Capitale doit » pour sa subsistance aux bienfaits dudit Seigneur Roi, et » l'amour tendre et respectueux dont ses fidèles sujets sont » pénétrés pour sa personne.

» Que son Parlement supplie en leur nom ledit Seigneur » Roi de leur continuer ces marques précieuses de son affec- » tion paternelle.

» Qu'ensuite, dans une discussion aussi mûre que profonde, » on a traité toutes les parties de l'importante matière qu'on » y examinait.

» Qu'on s'est surtout attaché à faire la comparaison de » l'ancienne législation avec la présente, sur le commerce » des grains.

» Qu'on a reconnu que l'ancienne ne renfermait rien que » de prudent et d'équitable, à la réserve de quelques pré- » cautions établies pour des circonstances particulières, et » de quelques prohibitions excessives ; fruits des idées per- » sonnelles de certains Administrateurs, mais qui, n'ayant » jamais été enregistrées, ne font point partie du dépôt des » Ordonnances de nos Rois.

» Que l'ancienne législation avait pour objet de tenir une » exacte balance entre l'intérêt du cultivateur, qui doit être » recompensé de ses travaux par le produit qu'il en retire, » et l'intérêt du consommateur auquel il est nécessaire de » procurer les alimens à un prix qui ne lui ôte pas le moyen » de subsister.

» Que dans une vue si juste et si sage, la communication

» la plus libre du commerce des grains était établie et recommandée entre toutes les parties de la France ; mais que l'exportation des grains à l'étranger n'était admise que quand le Royaume était assuré de sa subsistance, et n'était permise que jusqu'à concurrence du superflu.

» Que toute liberté de faire des gains légitimes et modérés était laissée au commerçant ; mais que par de justes précautions, on lui ôtait la facilité malheureuse de faire des manœuvres pour se procurer un gain énorme et criminel, en portant le blé à un prix qui réduirait le peuple à manquer du nécesssaire.

» Que ces précautions étaient de connaître ceux qui font le trafic des grains, pour qu'ils ne pussent espérer, s'ils y prévariquaient, de se soustraire au châtiment et au déshonneur; d'être instruit des lieux où les magasins de blés étaient déposés, afin que l'on fût toujours en état de savoir où trouver des ressources pour la subsistance des peuples; de recommander l'apport des grains aux marchés où le public se pourvoit; d'autoriser même les Juges à ordonner cet apport en cas de nécessité; de laisser ceux qui en achètent pour leur subsistance, s'en pourvoir avant ceux qui n'en achètent que pour y gagner en le revendant, de peur que les enlèvemens considérables de la part des trafiquans ne dégarnissent les marchés de grains, ou ne les y portassent à un prix au-dessus des facultés du citoyen.

» Que c'est ainsi que, sans gêner la liberté légitime, compatible avec l'intérêt public, on proscrivait la licence, source fatale de tous les abus.

» Qu'on a reconnu, au contraire, que la législation nouvelle, sous le nom spécieux de la liberté dans le commerce des grains, y autorise une licence sans bornes.

» Qu'elle assure l'impunité à toutes sortes de fraudes, aux

» manœuvres les plus odieuses; qu'en supprimant l'usage des » déclarations des noms, des demeures et des sociétés des » marchands de grains, elle met hors d'état de connaître et » de châtier les prévarications ; que sous prétexte d'établir une » concurrence plus générale, elle introduit dans ce négoce » une sorte de concurrens en état d'écarter tous les autres par » la prépondérance de leurs richesses et de leur crédit, et de » se rendre ainsi les maîtres du commerce des blés ; qu'elle » expose le peuple rassemblé dans les marchés à périr de faim » au milieu des grains portés à un prix qu'il n'en saurait don- » ner, à les voir enlever à ses yeux par les agens avides des » gros commerçans, ou même à trouver les marchés déserts, » parce que les approvisionnemens qui devaient les garnir au- » ront été détournés d'avance; enfin, qu'elle expose le Royaume » entier à se trouver dénué de grains, par une exportation » permise sans assez d'examen et avec trop peu de mesure.

» Que quoique les avantages de l'ancienne législation et » les inconvéniens de la nouvelle fussent assez sensibles par » eux-mêmes, on les a considérés à la lumière du flam- » beau de l'expérience, bien plus sûre que toute espèce de » spéculations et de raisonnemens, pour montrer clairement » l'effet d'une institution politique.

» Qu'on a reconnu encore, par cet examen, que, dans » tous les siècles et chez toutes les Nations policées, dans la » Grèce, chez les Romains, sous l'empire de Charlemagne, » le commerce des grains n'avait jamais été livré indistinc- » tement à la cupidité des trafiquans.

» Qu'au lieu de l'abondance, le relâchement des règles » de bonne police avait fait naître la cherté et la disette; » que dans le sein de la disette, les Réglemens remis en » vigueur avaient préparé et procuré le retour de l'abondance.

» Que la liberté de l'exportation permise en 1534, par

» François Ier. fut révoquée en 1539 par ce même Roi, à
» cause des mouvemens qui en résultaient, et après plu-
» sieurs tentatives inutiles pour la conserver.

» Que si Henri II l'a permise en 1558, François II essaya
» vainement de la contenir dans les bornes modérées par des
» Lettres publiées en 1559, qu'on fut obligé de la révoquer
» totalement en 1565.

» Que ce remède apporté trop tard, vu l'épuisement où
» l'exportation avait réduit ce Royaume, ne put prévenir la
» disette affreuse de 1567 qui amena le fameux Réglement,
» fruit de la sagesse du Chancelier de l'Hôpital, et le modèle
» le plus accompli de ce que la prudence humaine peut op-
» poser à ce genre de calamité.

» Que si Henri IV permit en 1601 l'exportation, ce ne fut
» que pour un temps limité, et sans abroger les réglemens
» capables d'arrêter les fraudes par la terreur des châtimens;
» que cette liberté, toute restreinte qu'elle était par tant de
» tempéramens abolis de nos jours, ne put pas cependant
» subsister long-temps.

» Qu'enfin on a reconnu que notre propre expérience venait
» malheureusement se joindre aux exemples du passé, pour
» nous ramener aux principes et aux règles dont on n'aurait
» jamais dû s'écarter.

» Que d'après cette triste épreuve, il ne s'agissait plus de
» faire, ni de tardives censures, ni de stériles apologies d'un
» système toujours condamné par l'expérience, mais de reve-
» nir au vrai; que pour le discerner, il suffisait de considérer
» que le même système qui a été propre à faire hausser les
» grains, quand le prix en était trop bas, ne peut conve-
» nir lorsque le prix étant trop haut, il s'agit de le faire
» baisser.

» Que si l'on prétendait aller jusqu'à mettre en question

» si le prix actuel du pain et des grains est trop cher, un » seul mot le décide. Les plus pauvres ont besoin de pain » pour vivre; il faut donc qu'il soit à un prix où ils puissent, » par leur travail, s'en procurer assez pour leur subsistance. » Le pain est aujourd'hui à un prix où les salaires du mer- » cenaire ne peuvent lui fournir ce qu'il lui faut pour payer » le pain nécessaire à sa nourriture; donc le prix du blé est » trop cher.

» Que l'idée de rétablir à cet égard une sorte de pro- » portion, par le renchérissement du prix des journées, » serait une idée illusoire ou dangereuse, et peut-être toutes » les deux à la fois; que si on commençait à la réaliser, » la plupart de ceux qui font travailler des ouvriers en em- » ploiraient moins, quand il faudrait les payer plus cher, » et ces ouvriers délaissés demeureraient sans subsistance.

» Que d'ailleurs ce changement de prix des journées ne » serait pas l'ouvrage d'un moment; que cependant il faut » se nourrir pour vivre, et que cette nécessité ne pouvant » pas rester en suspens, l'intervalle de l'augmentation du » prix du pain à l'augmentation du prix des journées, serait » donc pour le nécessaire, un temps d'extrême indigence et » de désespoir; que d'ailleurs, faire hausser le prix des jour- » nées, ce serait augmenter par contre-coup le prix de toute » espèce de denrées et de main-d'œuvre; ce serait consom- » mer la ruine des familles et des citoyens, dont la dépense » se trouverait accrue sans que leurs revenus se fussent ac- » crus en proportion.

» Que les sujets dudit Seigneur Roi osent espérer que la bon- » té de son cœur n'admettra jamais un système aussi dur pour » eux, et que sa sagesse lui en découvrira l'illusion et le danger.

» Que sans s'arrêter d'avantage à le combattre, en mettant » toute leur confiance dans l'équité et dans la prudence dudit

» Seigneur Roi, ils se sont bornés à prier son Parlement » d'obtenir des bontés dudit Seigneur Roi le rétablissement » des articles les plus essentiels à la saine police du com» merce des grains.

» Qu'ainsi son Parlement, instruit par les lois, éclairé » par l'expérience, et déférant au vœu des citoyens de tous » les états, supplie instamment ledit Seigneur Roi de vouloir » bien modifier la Déclaration de 1763 et l'Édit de 1764, » remettre en vigueur les dispositions des anciennes ordon» nances, dont la sagesse a si long-temps assuré aux ci» toyens une subsistance proportionnée à leurs facultés et » à leurs besoins, et à l'État une heureuse tranquillité; et » à cet effet donner une déclaration qui ordonne :

» 1°. Qu'à l'avenir tous ceux qui voudront faire le trafic » des grains, en acheter et en revendre, seront tenus de » déclarer aux Greffes des juridictions ordinaires des lieux » où ils exerceront leur commerce, leurs noms, demeures » et domiciles de leurs associés, et les lieux où ils tiennent » leurs magasins, ainsi que les lieux où ils font transporter » les blés qu'ils enlèvent; lesquelles déclarations seront re» çues sans frais, et de tenir des registres d'achats et de » ventes, lesquels seront paraphés, sans frais, par les Juges » des lieux.

» 2.° Que les achats et ventes des grains, par les trafi» quans, se feront dans les marchés publics, et que les » Officiers de police seront autorisés à obliger, en cas de » nécessité, ceux qui tiennent des magasins dans leur ter» ritoire, à faire apporter une quantité suffisante de grains » aux marchés; le tout sous les peines portées par les Or» donnances.

» 3°. Que les marchés seront ouverts pour la vente, sui» vant les heures réglées par les Ordonnances; en consé-

» quence, qu'il y aura un premier temps pour les bourgeois, » un second pour les boulangers, exclusivement aux mar- » chands, et un troisième et dernier pour les commerçans » de grains.

» 4.° Que l'exportation des grains et farines sera suspen- » due jusqu'à ce que l'on soit plus précisément instruit qu'il » y a dans le Royaume plus de grains qu'il n'en faut pour » assurer, plus d'une année, la subsistanee de ses habitans, » et à quel taux l'exportation peut être permise sans danger; » en conséquence, que provisoirement toute traite-foraine » des grains et farines sera interdite pendant une année.

» Les Gens du Roi ont été chargés de se retirer par-devers » le Roi, pour savoir le lieu, le jour et l'heure qu'il lui » plairait recevoir lesdites Remontrances. »

Afin d'opposer autorité à autorité, il faut encore voir quelle fut, dans ces années de disette, la conduite de ceux qui avaient pris avec feu le parti de la liberté.

Le Parlement de Bretagne que l'on a vu parler avec tant de force, lorsqu'il fut question d'enregistrer l'Édit de 1764, voulut en quelque sorte réparer la faute que son trop grand zèle pour la prospérité du commerce, lui avait fait faire, rendit en 1770 l'Arrêt suivant, bien opposé à celui du vingt-deux août 1764.

« Arrêt de la Cour qui ordonne qu'il sera fait, au nom » du Parlement, un emprunt de la somme de 90,000 liv. » pour être employée en achats de blés venant de l'étran- » ger, pour être vendus dans les lieux les plus nécessiteux » de la Province.

» Permet aux Généraux des Paroisses, de prendre dans » leur coffre-fort, les sommes nécesssaires pour acheter des » blés, pain, riz ou autre comestible, pour être distribués » aux pauvres desdites Paroisses.

Extrait des registres de Parlement.

» La Cour, toutes les Chambres assemblées, considérant » que le prix des blés, dans les différens marchés de la » Province, s'est élevé au point que le citoyen pauvre est » presque hors d'état de pourvoir à sa subsistance, et que » l'importation des blés étrangers est le moyen le plus propre » à augmenter la circulation des grains, et à en faire baisser » le prix, a arrêté qu'il sera fait, de jour à autre, au nom » du Parlement, un emprunt de la somme de 90,000 liv. » pour être incessamment employée à l'achat de grains venant » de l'étranger, lesquels grains seront incontinent répartis » et vendus dans les endroits les plus nécessiteux de la Pro- » vince.

» Auquel emprunt ladite Cour a obligé, affecté et hypo- » théqué solidairement la généralité des biens de tous les » membres de la Compagnie qui souscriront le présent Arrêt, » par eux ou par les porteurs de leur procuration.

» Invite ladite Cour, les Corps et Particuliers des villes » Épiscopales et autres de la Province, à ouvrir des sous- » criptions pour l'achat des blés venant de l'étranger, et pour » le soulagement des pauvres des villes et campagnes de leurs » diocèses.

» Ordonne en outre, ladite cour, que Messires de la Briffe, » premier président, et de Montboucher, président; et Maitres » de la Bourdonnaie de Montluc, et Dumerdy de Catuellan, » Présidens des Enquêtes; et Maîtres Huart de la Bourbau- » saye, et de la Noue, Conseillers de Grand'Chambre; Maîtres » de Farcy de Muée, et de Moelien, Conseillers des Enquêtes; » et de Ravenel de Boisteilleul, Conseiller des Requêtes, s'as- » sembleront demain, deux heures de relevée, pour rédiger » le plan des opérations relatives à l'emprunt et à l'emploi » de ladite somme de 90,000 liv.

» Et désirant de pourvoir, par les moyens les plus prompts » et les plus efficaces, à la subsistance des pauvres des villes » et campagnes de la Province, faisant droit sur les conclu» sions du Procureur-Général du Roi, ladite Cour a autorisé » sous le bon plaisir de Sa Majesté, les Généraux des Pa» roisses à prendre, dans leurs coffres-forts, telles sommes » que lesdits Généraux assemblés dans la forme ordinaire, » jugeront nécessaires pour subvenir, d'ici à la prochaine » récolte, aux besoins les plus pressans des pauvres de » chacune desdites Paroisses.

» Et au cas qu'il ne se trouvât aucune somme de deniers » audit coffre-fort, ou que celle qui s'y trouverait ne fût » pas suffisante, ladite Cour, sous le bon plaisir du Roi, » permet auxdits Généraux d'emprunter, même à titre de » constitution, la somme dont ils croiront avoir besoin pour » la même fin, pourvu néanmoins qu'elle n'excède pas 600 » liv. et les autorise à cet effet à passer par eux-mêmes » ou par porteurs de leur procuration, tous les actes néces» saires.

» Lesquelles sommes seront employées par un Bureau com» posé du Recteur, du Sénéchal ou Substitut du Procureur» Général ou Procureur-Fiscal du lieu, et des Trésoriers en » charge, en achats de blés, pain, riz ou autres comes» tibles, qui seront distribués aux seuls pauvres de la Pa» roisse, en nature, et sans que, sous aucun prétexte, cette » aumône puisse être distribuée en argent; le tout de la façon » la plus proportionnée à leurs besoins.

» Et de l'emploi qui sera fait desdites sommes, ensemble » de la distribution desdits blés, pain, riz ou autres com» mestibles, il sera rendu, par ledit Bureau, compte aux » Généraux desdites Paroisses, en présence des juges des » lieux, avant la Saint-Michel prochaine; duquel compte

» il sera envoyé un double en bonne forme au Procureur-
» Général du Roi, pour être par lui déposé au Greffe de la
» Cour; et seront, lesdites sommes, remplacées au Coffre-
» fort, si besoin est, ou remboursées en cas d'emprunt, par
» le moyen d'une levée de deniers qui sera ordonnée par ladite
» Cour, être faite, en une ou plusieurs années, suivant qu'il
» sera vu appartenir. Ordonne que le présent Arrêt sera im-
» primé, etc. Fait en Parlement, Chambres assemblées, à
» Rennes, le 3 mai 1770. *Signé*, L. C. Picquet. »

Quel patriotisme! il se peut faire qu'un tel exemple ait été imité, mais il est bien difficile de le surpassser.

A des raisons aussi pressantes, le commerce répond qu'il a eu trop peu de temps pour se préparer à donner à l'État les secours qu'il était en droit d'attendre, après avoir permis une exportation et importation aussi étendue. Deux ans n'ont pas suffi pour établir une correspondance avec l'étranger. Les récoltes de 1767, 68 et 69, ont été mauvaises : néanmoins, si l'Édit de 1764 n'avait pas fixé un taux à l'exportation, l'équilibre se serait établi; il fallait attendre pour voir quelles auraient été les suites de la liberté, etc., etc.

Et voilà les raisons qu'on objecte contre l'expérience! Deux ans entiers et révolus, ou plutôt trois, n'ont pas suffi pour faire des liaisons avec l'étranger, pour établir un commerce suivi; combien en faudra-t il donc ?

Il serait plus simple d'avouer que les grains de la France, meilleurs, plus farineux, plus goûtés que ceux des autres Nations, et il faut ajoûter d'un prix inférieur, avaient été enlevés avec avidité par l'étranger, que ne pouvant plus faire rentrer, en France, que des grains moins bons que ceux qui y restaient, et d'un prix alors à-peu-près égal, il eût été impossible de soutenir la concurrence, et conséquemment il aurait fallu se résoudre à ne pouvoir vendre, si on en eût fait venir, ou donner à un prix si bas pour le temps qu'il n'y aurait pas eu de bénéfice, raison qui décida le commerce à ne se pas mêler d'une entreprise où il aurait couru le risque de mettre du sien. L'intérêt a toujours tout fait et fera toujours tout.

C'est par la raison que les récoltes de 1767, 68 et 69, n'ont pas été heureuses, qu'il faut défendre l'exportation. L'incertitude où l'on est, si les années à venir ne leur ressembleront pas, ou plutôt la presque certitude qu'elles reparaîtront en peu, et la consommation journalière de vingt-quatre millions d'hommes que possède la France, sont des preuves assez fortes pour assurer au cultivateur le débit de la plus grande partie du grain qu'il pourra faire croître. Et quand il serait vrai que le laboureur, incertain de vendre le produit de sa terre, abandonnerait une partie de sa culture, il ne faudrait pas, pour la lui faire reprendre, se servir d'une exportation telle qu'on l'a accordée; parce que c'est mettre au hasard la vie de plusieurs millions d'habitans, et qu'il n'est point de proportion entre la vie des hommes et l'intérêt.

On dit encore qu'il fallait attendre, qu'il fallait voir quelles auraient été les suites de cette disette, et que, sans doute, une année heureuse aurait tout réparé.

Qu'est-ce qui pourra se satisfaire d'un tel raisonnement ? Quoi! courir les risques de voir la moitié de la France s'anéantir, plutôt que de réformer une loi préjudiciable, c'eût été le comble du délire; mais heureusement cette loi tombait d'elle-même par la sage prévoyance du Prince qui avait posé des limites à l'exportation, en y fixant un prix.

Le prix excessif des grains en empêcha donc la sortie, et nous sommes maintenant dans la triste attente de voir se réaliser les craintes du parti de la liberté, qui croit que, l'exportation défendue, les campagnes ne seront plus cultivées.

Vaines terreurs, expressions gigantesques, répond le parti contraire : car, ainsi qu'on vient de le dire, outre la consommation de vingt-quatre millions d'hommes, et les mauvaises années qui assurent un débit certain au cultivateur; la valeur extraordinaire des terres, et le loyer excessif qu'on en demande et qu'on obtient; l'aptitude qu'on apporte à les faire valoir, tout prouve que le cultivateur doit s'y retirer, ou que si les blés remontaient encore, ce ne serait que le propriétaire qui y gagnerait et non pas le laboureur; car, dans l'instant, le prix des baux serait augmenté. C'est donc la cause des propriétaires, et non pas celle des pauvres habitans des campagnes, que l'on défend avec tant de chaleur; mais comme les propriétaires sont assez bien partagés, qu'ils ne courent pas le risque de leur existence, il est à propos d'assurer celle du peuple.

Les partisans de la liberté disent encore que les grains augmentant de prix, celui de la main-d'œuvre doit hausser en proportion; qu'ainsi ce serait le bonheur du peuple.

Il faut bien peu connaître la marche des choses, dit le parti opposé, pour croire que le peuple puisse y trouver son avantage; et être encore moins éclairé sur les intérêts de l'État, pour avancer une telle maxime.

Puisque la main-d'œuvre ne doit augmenter qu'en proportion des denrées, quel avantage le peuple peut-il en retirer? Le prix du travail augmentant dans la proportion des choses, c'est mettre le mercenaire dans la même situation qu'il était avant l'augmentation; c'est ne rien faire pour lui, et accorder tout aux propriétaires et au commerce. Si les blés augmentent, le propriétaire n'est pas obligé de faire plus de dépenses qu'il n'en faisait avant l'augmentation; ainsi tout le bénéfice est pour lui : mais l'homme de journée est forcé d'acheter la même quantité de nourriture, soit que le grain monte à un prix extraordinaire, ou qu'il se tienne à un prix médiocre: et si la journée de l'ouvrier doit suivre les variations de cette denrée, le renchérissement des blés ne peut donc, en aucun cas, tourner à l'avantage du peuple.

Si les grains et la main-d'œuvre augmentent en France, dit-on encore, c'en est fait de cet Empire; il s'affaissera sur lui-même. Les autres Nations, ses rivales, lui enleveront son commerce, qui tient uniquement au bon marché de la journée de l'ouvrier. Le travail de vingt-quatre millions d'hommes étant plus long et plus difficile à vendre que celui d'un moindre nombre, il doit nécessairement en résulter une langueur dans son commerce, qui sera toujours augmentée par les efforts des autres peuples pour l'imiter et la supplanter, et qui se fortifiera par les bénéfices que la France leur laissera faire.

L'Angleterre, cette éternelle rivale de la France, n'a perdu la concurrence que pour avoir permis le haut prix de sa main-d'œuvre. Si la France haussait la sienne de manière qu'il fût égal, pour les Nations étrangères, de se pourvoir en Angleterre ou en France, le commerce de cette dernière est anéanti, et celui de l'autre reprendra faveur.

L'Angleterre a obtenu quelque temps une supériorité apparente sur la France qu'elle ne doit qu'à sa politique, et nullement à sa main-d'œuvre (1).

---

(1) On entend quelquefois faire une objection qui paraît forte à ceux qui la proposent, mais dont le peu de solidité ne tient pas contre l'examen.

Si la France tient le bas prix de sa main-d'œuvre, et que l'Angleterre, au contraire, fasse monter le sien pour l'encourager, elle attirera chez elle les meilleurs ouvriers de la France qui s'y transplanteront naturellement, par l'appas du gain.

Bien des choses s'y opposent. 1°. Le climat. 2°. La haine de cette Nation pour tout étranger qui veut partager ses bé-

Si la France avait fait pour son commerce ce que l'Anglais a fait pour le sien, l'Angleterre serait encore au même point où elle était il y a cent cinquante ans, et la France serait au plus haut période de grandeur.

Cette vérité, pour n'être pas sensible à tous les hommes, n'en est pas moins d'une certitude irrésistible. Si on suit l'Angleterre depuis près d'un siècle et demi, on la verra uniquement occupée de son intérêt, enlever la Jamaïque à l'Espagne, sous Cromwel; la baie d'Hudson, Terre-Neuve et l'Acadie, à la France, sous Anne Stuart; et encore de nos jours, dans la guerre de 1756, le Canada et ses dépendances, Saint-Vincent et la Grenade, etc. On la verra se fortifier dans l'Inde, envahir le commerce de l'Afrique : rien ne l'arrête lorsqu'il faut acquérir de nouveaux débouchés pour ses manufactures.

Le Portugal mis sous sa domination, malgré tous les efforts de l'Europe pour lui faire ouvrir les yeux et partager les bénéfices que l'Angleterre fait avec cette Nation, n'ose pas secouer le joug impérieux qu'elle lui a imposé. L'Angleterre a su tellement l'enchaîner. que ses intérêts sont balancés par les risques qu'il pourrait courir dans un renoncement subit aux secours de l'Angleterre ; et c'est certainement ce qui empêche le Portugal de se prêter aux propositions des autres Nations (1).

---

néfices, et qui s'étend même entre ses concitoyens. 3°. La différence de la langue. 4°. Enfin, cette même augmentation de prix sur les denrées, comme sur les autres choses nécessaires à la vie, et qui rend les épargnes aussi difficiles que dans tout autre pays. Voilà de ces oppositions qu'il est impossible de lever; et si l'Angleterre voulait se rapprocher de la France, il faudrait qu'elle commençât par diminuer sa main-d'œuvre; mais la chose est-elle praticable ?

(1) A n'envisager les intérêts du Portugal avec l'Angle-

Mais tous les efforts que l'Angleterre a faits pour s'aggrandir auraient été impuissans, si la France eût pu pénétrer dans ses possessions et y porter son commerce. Pour parer à cet événement, l'Angleterre, après s'être emparée de tout, mit sa sûreté dans une Marine formidable qu'elle opposa, comme d'impénétrables barrières, en avant de ses Colonies; et augmentant ensuite sa main-d'œuvre en Europe, afin d'engager ses sujets au travail, elle s'est trouvée la maîtresse de dire à ses nouveaux Colons : vous acheterez, à tel prix, les

---

terre, que du seul côté du commerce des blés; quel est l'autre Gouvernement, en Europe, qui pourrait dire au Portugal : je vous fournirai les grains dont vous aurez besoin, mes vaisseaux les transporteront dans vos ports; ne vous inquiétez de rien, je prendrai soin de votre existence?

Il n'est peut-être que la Hollande qui pourrait prendre un tel engagement : mais elle ne récolte pas de grains; et dans un moment de disette absolue, le Portugal souffrirait certainement.

L'Angleterre est dans une autre circonstance; elle en récolte plus qu'il ne lui en faut, parce qu'elle a donné des encouragemens inconcevables à son agriculture.

Les Puissances du Nord pourraient aisément fournir cette denrée; mais, outre le nombre de Souverains avec lesquels il faudrait traiter, il faudrait encore que la Nation portugaise devint commerçante, et alors c'est demander un autre ordre de choses que ce qui est; c'est supposer des vaisseaux, des liaisons qui ne sont point.

La France, dont on n'a point parlé, pourrait, devrait le faire; mais, pour réussir, il faudrait d'autres lois que celles qu'elle a sur ses grains, et qui pussent, tout à la fois, encourager l'agriculture et permettre l'exportation, sans mettre au hasard l'existenee de ses propres citoyens.

Je ne pense pas qu'il soit possible de faire un commerce suivi avec le Portugal, et de lui proposer de renoncer aux liaisons que la nécessité l'a forcé de contracter avec l'Angleterre, si on ne commence pas par lui assurer les secours, en grains, dont il peut avoir besoin.

Voilà la partie politique de l'exportation, qu'il faut accorder avec les intérêts de 'État; c'est ce qu'on démontrera.

choses nécessaires et celles qui contribuent aux aisances de la vie, ou vous n'en jouirez pas. Vous nous vendrez encore les produits de vos travaux et de vos terres, du nouveau monde, au prix que nous vous en offrirons, ou bien vous ne les vendrez point.

La loi était très-sûrement bien dure; mais ne pouvant s'en affranchir, il fallait la supporter; et voilà le principe du commerce immense de l'Anglais, qui n'est autre qu'un vrai monopole.

Le temps est venu où, la population augmentée, les forces s'étant accrues, on a regardé l'assujétissement à ces lois, comme le comble de la tyrannie : il était impossible qu'il en arrivât autrement. Cependant, les besoins politiques de l'Angleterre augmentaient en Europe avec le temps. Il fallait payer les dépenses que ces aggrandissemens avaient coûtés; car rien ne s'obtient qu'à force d'or; il fallait encore des dépenses nouvelles et extraordinaires pour les conserver, et le peuple pliait déjà sous le poids des charges et de la main-d'œuvre.

Il était donc de toute nécessité de renoncer au système d'aggrandissement qui paraissait si favorable et si heureux, ou d'avoir encore recours au renchérissement des choses. En renonçant à cette grandeur que l'on avait assez follement désirée et obtenue, c'était perdre tout à la fois, et le Gouvernement en Europe, et les Colonies du nouveau monde.

Essayer de diminuer la main-d'œuvre, en permettant aux Amériquains de faire le commerce avec les autres Nations, les manufactures anglaises étaient écrasées, et c'eût été paraître renoncer au plan avantageux qui avait tant coûté.

Si, au contraire, on se décidait à continuer ce système oppresseur, il fallait renchérir les objets de consommation, afin d'obtenir de plus forts droits; et alors on s'écartait d'autant plus de la concurrence avec les autres Nations, en faisant gémir les Colonies dont on aliénait l'attachement pour la métropole. Il était impossible d'allier ces extrêmes; il aurait fallu recourir à des moyens que l'Angleterre ne connaissait pas; ainsi on se décida pour l'augmentation.

Voilà donc la main-dœuvre visiblemenl et uniquement la cause de la guerre présente. Des politiques inquiets, et qui aiment les événemens extraordinaires, vont en chercher le premier prétexte dans le génie vif et bouillant de certains habitans de l'Amérique, croyant donner un relief à cette révolution, mais ils se trompent. Elle n'aurait pas été aussi bien soutenue, ni si généralement adoptée, si l'intérêt public ne s'était pas trouvé compromis.

Le temps qui fait tout, a enfin ouvert les yeux à ces Colons opprimés ; et le prix des choses, dans le pays étranger, comparé à celui qu'ils étaient obligés de donner aux Anglais, leurs concitoyens, pour les mêmes objets, les a enfin décidés. Une suite d'idées, aussi simples que nécessaires, leur a encore persuadé que les produits de leurs terres seront vendus plus cher aux autres Nations, qù'il ne leur était possible de les vendre à l'Angleterre, lorsqu'elle avait, à elle seule, le droit de les acquérir.

Ces vérités n'ont point échappé à l'examen que le Congrès a fait de l'intérêt de la Nation; aussi s'en sert-il avec succès pour soutenir le courage de ses habitans. Ces raisons, bien méditées, sont donc la preuve que le renchérissement de la main-d'œuvre, en France, serait ce qu'il pourrait arriver de plus heureux pour l'Angleterre, puisque cela seul lui ferait ratrapper la balance du commerce, et écraserait du même coup la rivale la plus dangereuse qu'elle ait.

Les suites de la guerre présente prouveront la vérité de ce qu'on vient de dire, si les Nations liguées contre l'Angleterre peuvent atteindre au but qu'elles se sont proposé, l'indépendance de l'Amérique. Les manufactures anglaises, ne trouvant plus le débouché de leurs travaux, parce qu'elles ne pourront pas soutenir la concurrence, seront forcées de ne point vendre ou de vendre à perte; et cessant de fournir des ressources à l'État, il faut qu'il croule ou qu'il surcharge ses sujets d'impôts. alternative également écrasante, et qui met l'Angleterre au bord du précipice.

Si on dit maintenant qu'il est de l'intérêt de la France d'augmenter le prix de sa main-d'œuvre, il faut donc commencer par prouver que la perte du commerce doit faire le bonheur d'une Nation, et anéantir la preuve que l'Angleterre nous donne des suites d'un tel malheur.

La Hollande confirme encore que le renchérissement de la main-d'œuvre est la perte d'un État. Ce pays, quoique possédant de très-grandes richesses, n'a cependant pa pu soutenir les manufactures que l'on voit prospérer chez les autres Nations. Le Prix excessif des choses s'y oppose; et le Hollandais, dont l'unique talent est d'apprécier l'utilité d'une heureuse concurrence, a senti que, ne pouvant l'emporter sur les autres Nations, par les manufactures, il fallait s'attacher aux branches de commerce auxquelles on ne pouvait atteindre.

Les épiceries leur parurent devoir être ce trésor caché et inconnu aux autres peuples. Les événemens répondirent à leurs spéculations; et leur monopole, fondé sur des principes moins apparens et moins révoltans que ceux que nous avons vu à l'Angleterre, les porta à s'emparer des îles qui renfermaient les riches productions de l'Inde, afin d'être les seuls à les posséder.

Si on ne peut concevoir où peut atteindre un commerce suivi et soutenu par l'économie, c'est des Hollandais qu'il faut l'apprendre : c'est aussi l'origine de leurs richesses. Le desir de se procurer les nouvelles jouissances que le Hollandais offrait à un prix médiocre, afin que tout le monde pût les goûter, accumula, dans ce coin de terre, une partie de l'or de l'Europe. La facilité d'accroître ce commerce, devenu nécessaire à tous les hommes, les occupa uniquement. L'attention qu'ils eurent de provoquer les peuples à la jouissance de ces nouveaux dons de la nature, multiplia leur marine marchande au point où nous l'avons vue. La nécessité de faire valoir l'or acquis, dans un pays qui ne fournit point de terres à acheter, fit qu'un vaisseau devint un nouveau genre de possession et produisit le bas prix, dans cette seule partie, par la nécessité de faire valoir les capitaux, et de tenir en exercice des hommes qui n'étaient pas susceptibles de s'adonner à des travaux qui exigeaient une plus grande tension d'esprit, et qu'il aurait fallu payer plus cher pour les faire s'y appliquer. La proximité de la mer qui environne la Hollande, ou plutôt sur laquelle elle habite; la nécessité de cette immensité de transports dont elle avait besoin pour aller chercher les productions des deux Indes, et les reporter ensuite aux autres Nations; ces deux causes réunies; firent de la Hollande un peuple de navigateurs que la pratique forma, et entretint la cherté de la main-d'œuvre pour tout ce qui n'était pas marine.

On peut donc conclure du renchérissement des choses, en Hollande, et des subsides énormes qu'il y a occasionnés, que si elle venait à perdre ses établissemens dans l'Inde, et que les Gouvernemens d'Europe vinssent à s'ennuyer de contribuer aux bénéfices qu'elle fait sur eux par son courtage, cette Nation serait anéantie, et on la verrait déserter ses marais.

Preuve certaine que toute Nation qui n'a point de manufacture, ou qui les perd par le trop haut prix de sa main-d'œuvre, est une Nation précaire dont la dissolution dépend d'un événement. On doit donc encore conclure, de ces deux exemples, que le renchérissement des grains, en France, devant produire le renchérissement de la journée de l'ouvrier, il ne faut pas y permettre l'exportation qui y produirait nécessairement cet effet.

Mais enfin, que deviendra le peuple ouvrier, travaillant, si les choses renchérissent encore ? Comment se procurera-t-il les besoins de la vie ? La plus triste existence sera donc éternellement son partage. Voilà, sans doute, l'objection la plus forte et la plus accablante qu'il soit possible de faire ; car pour peu que l'on soit sensible, qu'on s'intéresse à l'humanité, elle déchire l'âme. Que l'être qui n'en est point affecté est à plaindre !

Si ce bonheur n'existe point parmi nous, c'est à nous-mêmes, c'est à nos lois que nous devons d'abord nous en prendre, c'est encore dans la difficulté de publier la vérité et de la faire sortir de la captivité où elle est détenue, que nous devons chercher l'origine des souffrances du peuple : c'est enfin provoquer au combat la force enchaînée, que de demander si les malheureux le seront toujours, vu l'impossibilité de tout dire, et la nécessité où l'on serait de dénoncer les hommes au Tribunal du monde.

CHAPITRE III.

Des permissions particulières d'exporter.

LORSQU'APRÈS plusieurs années d'une défense rigoureuse d'exporter, il arrive que le superflu des grains forme une masse assez considérable pour faire demander des permissions de porter à l'étranger, c'est alors que le ministère permet à ceux qu'il daigne favoriser, d'exporter les blés par les ports qu'il désigne. Heureux le citoyen qui peut obtenir une telle faveur !

son bénéfice est certain, parce que le prix des grains, au marché général de l'Europe, est toujours supérieur à celui de France.

Il paraît au premier coup-d'œil que ce moyen, pris pour concilier les deux partis opposés, doit servir de règle à une judicieuse administration; mais il n'est rien moins qu'équitable, et ne peut produire qu'une augmentation de fortune pour quelques particuliers favorisés, au détriment de la Nation et des victimes qu'ils feront par ce monopole; car c'en est véritablement un.

Qu'un de ces hommes heureux obtienne une permission d'exporter, défendue à tous les autres, n'est-il pas évident qu'étant le seul à faire valoir les grains, il les obtiendra, du besoin, au prix qu'il y voudra fixer. Ainsi, quelle injustice plus criante que d'accorder à quelques personnes une grâce à laquelle tous les citoyens ont droit de prétendre! Quoi de plus révoltant que de permettre à quelques particuliers d'entreprendre ce qu'il est défendu aux autres d'exécuter.

Mais, dira-t-on, il arrive souvent que l'intérêt d'une Province exige que l'on permette la sortie d'une certaine quantité de grains déterminée et fixée; quantité qu'une exportation générale outre-passerait certainement, et qui rend les permissions particulières d'une absolue nécessité, afin de ne pas perdre l'excédent des grains.

On répond : 1°. C'est mal réparer une perte, qui n'est qu'apparente, que de vouloir la prévenir par une injustice réelle.

2°. Les permissions particulières sont absolument inutiles; car il ne suffit pas qu'une, deux, où même trois Provinces aient beaucoup de grains, pour en conclure que le Royaume en a trop et qu'il faut en exporter.

3°. Le Ministère est toujours la dupe, réelle ou apparente, des demandes qu'on lui fait. Il est si facile de faire baisser les grains pendant quelque temps, afin d'obtenir une permission, que le Ministre devrait toujours être en garde contre ce piége.

4°. Ou l'abondance est réelle dans le Royaume, ou elle ne l'est pas. Dans le premier cas, pourquoi tout le monde n'aurait-il pas le droit d'exporter, s'il est jugé que cela soit nécessaire? Dans le second, qu'est-il, dans le monde de plus injuste que de permettre à quelques particuliers, uniquement pour les enrichir, d'exporter une denrée dont les citoyens auront immanquablement besoin dans quelques instans?

Des variations journalières et inconcevables, contraires aux intérêts de l'État, des laboureurs et du peuple, seront effectivement l'effet des permissions particulières; et, à coup sûr, le monopoleur étayé de l'autorité, ne manquera jamais l'instant le plus heureux pour lui, lorsqu'il laissera au public à payer les fautes de l'administration.

Supposons une Province plus abondamment pourvue que les autres, et que le bas prix du grain puisse permettre (j'ai presque dit exige) de solliciter l'exportation d'une certaine quantité de blés. Deux ou trois particuliers (peut-être un seul) obtiendront du ministère la permission de porter à l'étranger : que feront-ils? Ce qu'ils feront, il est impossible de s'y méprendre. Ils épieront le moment du plus bas prix pour acheter; leur intérêt leur dicte cette marche. Le laboureur, averti de la facilité de vendre et pressé par le besoin de la difficulté de le satisfaire, vu l'abondance, s'empressera de garnir les marchés publics, qui, se trouvant surchargés, n'offriront que des pertes au cultivateur, et des bénéfices aux monopoleurs titrés. Les plus pressans besoins de l'argent, une fois satisfaits, le laboureur qui ne trouvera qu'à perdre en vendant, pensera, avec justice, qu'il est toujours temps d'essuyer ce malheur, et cessera de porter ses grains aux marchés publics : la rareté de cette denrée, *dans les marchés*, la fera renchérir au sein de l'abondance. Voilà le tour du peuple pour être trompé; car nos monopoleurs se garderont bien d'acheter dans le moment de la renchère.

Cependant le haut prix des grains ne sera pas long-temps à se répandre; et le cultivateur, perpétuellement aux aguets sur la valeur de cette denrée, étonné du prix auquel elle est montée, voudra profiter de l'instant heureux, recommencera à porter aux marchés. L'abondance et le bas prix s'y trouveront avec lui; et le voilà encore une fois dupe des contremarches des protégés que l'on croirait placés, comme par exprès, pour profiter des circonstances heureuses pour eux, etc., etc.

Telle est le fidèle exposé de ce qui s'est passé et de ce qui arrivera, toutes les fois que l'on accordera des permissions particulières.

Peut-on consciencieusement dire qu'une telle police doit être la règle de l'état? Ah! si cela est, il faut convenir que tout doit être permis dans la vente des grains, et qu'il n'est point de loi à faire sur eette partie.

5°. Le Ministère ne peut jamais bien connaître la vraie quantité de grains qui existent; les mémoires qu'on lui adressera, sur ce sujet, étant toujours exagérés ou diminués, il est impossible qu'il puisse savoir la vérité et les vrais besoins de l'état.

Mais en admettant qu'un à-peu-près suffise pour régler les intérêts de cette première branche du commerce, quel bien en résultera-t-il? Des permissions passagères d'exporter peuvent-elles établir un commerce réel? Sera-ce sur l'exportation de quelques mille tonneaux de blé (1) que la France doit fon-

(1) Dix mille tonneaux de grains, à 250 liv. le tonneau,

der les justes prétentions qu'elle devrait avoir de l'emporter sur les autres nations, dans ce commerce, par rapport à l'étendue de ses terres et à leur fertilité? Ce qui est très-avantageux pour quelques hommes, n'est rien pour l'État : calculer autrement, c'est se placer dans la nombreuse classe de ces êtres qui ne connaissent d'autre intérêt à l'État que les leurs.

6°. Enfin, ou l'exportation est bonne pour tous les citoyens, ou elle ne l'est pour personne; et quand il paraîtrait que des permissions particulières pourraient être un bien, il ne faudrait pas s'en servir, parce qu'elles n'ont d'autre certitude que de faire naître la jalousie entre les hommes, et de faire douter de l'équité du ministère, qui doit être toujours à l'abri du soupçon.

Il en est de ces permissions comme des loteries. L'État, qui est le banquier, a un bénéfice certain, et le particulier que la fortune favorise trouve ces établissemens admirables; tandis qu'ils sont vus d'un œil bien différent par le peuple, dont ils préparent la ruine.

Ces permissions particulières que la vérité pourrait souvent nommer subreptices, ne sont donc point encore le signe éternel d'une sage prévoyance qui doit annoncer, sans méprise, où commencera la sortie du nécessaire, où finira celle du superflu. Le caractère de réprobation dont elles sont entachées,

---

feraient un capital de 2, 500, 000 liv. Ce ne serait certainement pas sur l'espérance d'un commerce de si peu de conséquence, que la France devrait fonder ses prétentions. Cependant, pour exporter ces dix mille tonneaux de grains, il faut cent Navires de cent tonneaux chaque. Ainsi que l'on juge de l'embarras où serait le Ministre qui voudrait n'accorder de permissions que sur un examen décidé qu'elles ne peuvent être contraires au bien-être de la Nation. Tout son temps serait employé à vérifier la vérité des demandes, et l'entier bénéfice de ce commerce ne suffirait pas pour l'indemniser de ses peines.

est si fort qu'elles ne peuvent pas même contenter ceux qu'elles paraissent favoriser le plus : elles sont enfin (ainsi qu'on l'a déjà dit), toujours injustes, souvent mal vues, et ne satisfaisant jamais l'un et l'autre parti.

CHAPITRE IV.

De l'incertitude où l'on doit être, après avoir lu les Chapitres précédens.

Ou est l'homme qui osera prononcer que l'exportation doit être toujours ouverte; mais aussi, où trouver un être assez hardi pour assurer qu'elle doit être toujours fermée.

La première de ces deux situations ne peut présenter, à des yeux éclairés, qu'un avenir malheureux, que des citoyens effrayés de leur état, prêts à manquer du plus précieux de tous les biens, et sans lequel tout l'or de l'Europe, amoncelé, n'est qu'un vain et inutile amas incapable de faire le même bien qu'un seul boisseau de grains peut produire.

Ces tristes et douloureuses réflexions rappellent ces temps si près de nous, où l'on a vu l'ouvrier désertant ses ateliers, oubliant le travail (dont il n'a plus besoin s'il ne peut en retirer le seul fruit qui le lui fait supporter) pour ne s'occuper que des moyens qu'il pourra mettre en usage pour parer au danger qui le menace, et dont la seule crainte a souvent fait précipiter le développement.

C'est dans ces violentes crises, c'est dans ce moment affreux, qu'il faudrait placer celui qui tient pour l'exportation : c'est au milieu d'un peuple tourmenté par la faim, déchiré par le désespoir que lui donne la seule idée de voir finir ses enfans, faute de pain, qu'il faudrait mettre l'homme que le raisonnement ne peut convaincre. Hélas ! où les véritables révoltes, occasionnées par une disette réelle, n'ont jamais été vues par ceux qui préconisent l'exportation, ou bien leur âme est plus endurcie que le fer dont on arme le bras du stipendiaire pour les faire cesser.

Bien plus malheureux encore que l'homme armé pour se procurer une subsistance qu'il ne peut obtenir que par la force, c'est l'être tranquille et dévoré par la faim; renfermé dans sa retraite comme dans une prison, qui rejette tous les moyens violens qui pourraient le confondre avec un peuple séditieux : voilà l'homme bien propre à arracher des larmes lorsqu'on le voit périr victime de l'honneur et de la disette. Quel plus éloquent discours contre l'exportation, que celui qui retracerait tous les maux qu'elle a occasionnés !

C'est donc dans la crainte de voir se renouveler ces temps malheureux qu'il faut, me dira-t-on, défendre l'exportation, et les partisans de la défense d'exporter sont donc les seules sages, puisque c'est le parti qu'il serait prudent d'adopter ?

Non, encore; car ce serait être trop léger, ou peut-être trop mauvais citoyen, de ne pas vouloir convenir que la France devant cultiver plus de blés qu'il ne lui en faut pour sa subsistance, il doit se former, après un certain temps, une quantité quelconque de grains qui deviendra inutile et en pure perte, faute d'avoir su préparer le débouché nécessaire à cette surabondance. Faudra-t-il que la France fasse du superflu de ses blés, ce que la Hollande fait de ses épiceries, lorsqu'elle voit qu'il en est une trop grande quantité? Elle les jette dans la mer : doit-on y porter les blés ?

Qu'il serait heureux, si on s'en tenait à une défense d'exporter rigoureuse, de pouvoir rendre ceux qui la feraient adopter, responsables à la Nation de la perte qu'elle peut faire par le dépérissement du grain excédant le besoin de l'État.

La perte des grains que l'on ne peut consommer, et qu'on pourrait vendre, n'est pas le seul malheur à craindre de la défense d'exporter. Cette surabondance de grains, augmentée chaque année, doit produire une difficulté de vendre et ruiner le cultivateur, qui, n'ayant plus de fonds suffisans pour faire les avances nécessaires qu'exigent les préparations de la terre, sera dans l'indispensable nécessité de la mal cultiver; perte irréparable pour l'État, et qui ne se peut concevoir ni calculer.

Ce serait une erreur de croire que le laboureur, dont la fortune s'est élevée par des hasards heureux, continue, lorsqu'il est riche, de cultiver. Le même préjugé qui engage les hommes à abandonner l'état dans lequel ils se sont enrichis, parle également au laboureur pour le forcer à quitter le sien. Ainsi ce commerce, déjà assez follement avili par le peu d'égards qu'on lui accorde, étant encore déprimé par le peu de bénéfices qu'on y pourra faire, il ne sera plus suivi que par des familles pauvres et hors d'état de faire les avances que la terre exige. Tout se tient, tout est anneau de la grande chaîne des événemens, et ceux que nous éprouvons à présent ont une origine bien reculée; de même que nous préparons aujourd'hui ce qui arrivera dans les temps à venir.

Nous avons vu en 1764, une exportation qui, quoique limitée, fit faire à l'agriculture des efforts incroyables, mais dont les suites furent bien tristes pour le peuple, parce que rien n'était prévu. Nous verrons aussi, par un effet contraire, la défense d'exporter faire naître nécessairement la mauvaise culture des terres, par la ruine du laboureur.

L'exportation défendue prépare bien une abondance momentanée; mais l'abondance dit énergiquement au cultivateur de se modérer sur la culture des grains, peut-être même de l'abandonner; ou, du moins, de la laisser à ceux qui n'ont point d'autre ressource pour subsister.

Peut-on, de bonne foi, s'en rapporter à des êtres dans l'indigence, pour fournir la subsistance des autres hommes? Leur situation ne doit-elle pas plutôt solliciter la bienveillance publique, qu'inspirer la confiance.

D'où viendrait, en effet, la mauvaise culture, contre laquelle on se récrie tant, si ce n'était de la pauvreté de la majeure partie des cultivateurs; car on n'ignore point, en France, les moyens de faire produire la terre avec autant d'abondance que dans les autres pays, et le sol et le climat y sont, pour le moins, aussi heureux qu'ils peuvent l'être dans les autres gouvernemens d'Europe.

J'entends cent propriétaires assurer le contraire, et vouloir être crus sur leur déposition, apportant pour preuve la prétendue richesse de leurs fermiers; mais ils ne calculent pas le nombre énorme de pauvres laboureurs qui, dans leur ensemble, occupent cent fois plus de terres que n'en peuvent défricher leurs fortunés cultivateurs, et qui, d'une récolte qui devrait être heureuse, en font une très-médiocre. Cessons de nous tromper; ce qui paraît être une année d'abondance aux yeux du puplic, n'est, à ceux de l'observateur qui compte sur la bonne agriculture, qu'une année très-faible, en raison des dépenses qu'on a dû faire pour l'obtenir; et qui aurait parfaitement répondu aux soins, si les principes de la végétation n'avaient pas été répandus avec une trop grande économie sur le sein de la terre.

C'est donc à la seule indigence du laboureur qu'il faut attribuer le désastre des mauvaises années; et il est certain que la défense d'exporter produira cette indigence en diminuant imperceptiblement l'agriculture, qui se monte toujours sur la consommation que l'on peut faire de son produit.

Mais, dira-t-on, cette crainte n'est pas fondée; car si la défense d'exporter diminuait les produits de la terre, ces produits renchériraient alors et donneraient au cultivateur ce coup d'aiguillon nécessaire pour l'engager à cultiver; c'est ainsi que l'agriculture tombant, se relève d'elle-même.

O citoyens! ô vous! nés pour éclairer les hommes, ne vous laissez pas prendre à ce piége; il est trop grossier. Dans le nombre des réponses que l'on devrait faire à ce sophisme, il en est surtout deux qui en découvriront facilement le peu de solidité.

1°. Cette alternative de bien (s'il s'en trouve dans de continuelles variations) et de mal qui est certain, est l'aveu le plus ignominieux que l'on puisse faire de l'impuissance des lois qui doivent régler cette partie, et du défaut de prévoyance necessaire pour les corriger.

2°. La perte de l'État n'est-elle pas décidée, puisqu'avec des terres d'une aussi vaste étendue, tout ce que vous pourrez faire sera de vous nourrir, lorsque vous devriez alimenter les autres Nations, retirer de vos domaines un bénéfice qui vous est encore inconnu, et qui vous serait bien plus profitable que la transmutation, en or, de la terre que vous foulez sous vos pas.

Que diriez-vous d'un homme qui, étant dans le besoin, pourrait gagner chaque jour, et sans gêne, une rétribution assez heureuse pour l'arracher à la misère, préférerait cependant y rester, l'orsqu'il ne faudrait que sa volonté pour l'y soustraire? C'est votre état, et c'est à vous de prononcer si, en perdant le droit d'exporter vos grains, il est possible que vous encouragiez l'agriculture qui devrait vous donner le nécessaire dont vous manquez, et même l'aisance dont vous n'avez jamais joui.

La défense de sortir vos grains peut donc aggraver vos maux, loin de les alléger; et comme les extrêmes se touchent, il est décidé que, liberté d'exporter et défense d'exporter, sont synonymes pour produire le malheur de l'État. Je ne vois pas, je l'avoue, comment il serait possible d'en douter.

Il ne reste donc plus que le choix d'une exportation alternativement permise et défendue, pour concilier cesdenx extrêmes. Mais on vient de voir quel en serait le résultat et l'impossibilité de s'en servir judicieusement; ainsi c'est encore un parti marqué du sceau de l'impuissance et à rejetter, puisqu'il ne peut produire le vrai bien.

Quel doit donc être le moyen destiné à concilier des intérêts si opposés, qui importent si fort au bonheur public? Comment parer à tous les dangers qui existent de l'un et l'autre côté? Comment accorder au peuple le droit imprescriptible qu'il a sur les produits de la terre où il est né, sans empiéter en rien sur les prétentions trop justement fondées du propriétaire et du fermier qui le remplacent? Comment enfin concilier tous ces intérêts avec ceux de l'État et du commerce, pour n'en faire qu'un seul qui sera le bien public?

Il ne faut que vouloir; il ne faudrait que la volonté d'un être binfaisant qui, affecté par la seule idée de rendre l'État florissant et les hommes heureux, s'occuperoit des vrais moyens d'y parvenir.

CHAPITRE V.

Plan de conciliation par une nouvelle administration des grains, utile à l'État et aux Citoyens.

Si on n'a point encore mis au rang des vérités reçues, la loi qui doit fixer irrévocablement le commerce des grains, serait-ce parce qu'on aurait pensé ne pouvoir arriver autrement à ce but que par des moyens surnaturels, et que l'imagination captive, sous cette idée, n'aurait pas permis aux hommes éclairés de s'arrêter sur les objets simples qui doivent y conduire (1).

Combien compterait-on de gens instruits, dans le nombre de ceux qui ont écrit pour et contre, dont les connaissances publiques ou particulières ont prouvé qu'ils étaient beaucoup au-dessus de la matière qu'ils traitaient, en parlant des blés, quoiqu'ils aient toujours erré sur ce point, en adoptant ou le parti de l'exportation ou le parti contraire, avec un feu qui ne leur permettait pas de péser les réponses qu'on pouvait leur faire ?

Peut-être serait-il aussi juste de dire que si cette loi n'existe point encore, c'est que les préjugés dans lesquels on élève les hommes, étayés par l'amour-propre et l'intérêt, ont persuadé que le peuple était trop heureux de n'avoir à combattre que des privations en tout genre; que son travail était aussi naturel que la renaissance du jour; et que tenter la plus légère modification sur ce point, ce serait aller contre le vœu de la nature, et déranger l'ordre de la société.

Une telle idée devait nécessairement conduire à croire que le sort que l'on a ne peut être changé en mieux, et peut-être n'eut-on jamais pensé à raisonner sur les grains, si l'intérêt des grands, des possesseurs des terres, n'était venu aiguillonner le génie des hommes penseurs que la richesse traîne toujours à sa suite.

---

(1) Rien d'extraordinaire, de merveilleux, n'existant dans ce que j'ai à proposer, peut-être n'occasionnerai-je pas la plus légère sensation. Il faut de grands moyens, des coups d'éclats, des boulversemens qui surprennent, pour faire époque : tout ce qui n'est pas cela est monotone, et ne fait aucune impression, quelqu'utile d'ailleurs et quelque sagement pensée que soit la chose.

Telle est, sans doute, l'origine des partisans de l'exportation, qui, pour faire sentir à leurs riches protecteurs l'utilité dont ils pouvaient être, (en demandant tout pour eux, sans s'inquiéter de ce que deviendrait le peuple), n'ont pas cru qu'il leur fût même permis de chercher s'il ne serait pas un moyen de concilier des intérêts si opposés.

Du moment où les possesseurs des terres se formaient un parti, il était de nécessité qu'il y en eût un contraire; parce que, quelques fortunés qu'ils soient, ils ne peuvent l'être assez pour engager tous les hommes, qui savent s'exprimer, à être de leur avis.

La défense d'exporter dut donc aussi trouver ses partisans. La cause du peuple était bien belle à défendre, et quoique l'espérance de parvenir par ce moyen soit, je l'avoue, un peu frivole, cependant tout le monde sait qu'il est des hasards heureux (étayés par des exemples) qui soutiennent ceux qui y ont confiance.

Un livre parut sur la législation et le commerce des grains, dans le moment où les deux partis qui combattaient pour ou contre l'exportation, ennuyés de leur peu de succès, ne désiraient qu'une trêve, afin de réparer leurs forces. Le parti de l'exportation triompha de voir qu'on ne répondait point à ses puissantes objections; la propriété, l'agriculture, etc. Et qu'enfin la cause n'était pas jugée, parce que des raisons qui s'efforcent d'en détruire d'autres, ne sont ni un plan de conciliation, ni un jugement.

Le parti opposé crut aussi l'emporter, parce que l'expérience venait de prouver qu'une exportation, quoique limitée, était contraire au bonheur de l'État.

La multitude, trop froide dans certaines circontances, trop partiale dans d'autres, mais dont le peu de lumières lui fait adopter, de plein vol, ce qui parait être pour elle, crut voir dans cet ouvrage, la ruine des économistes, qu'elle désirait on ne sait trop pourquoi; de même qu'on serait fort en peine de dire le motif qui lui faisait prodiguer ses faveurs au parti contraire. Cette bizarrerie de goût ne pourrait guère s'expliquer qu'en disant qu'on est plus touché des tableaux qui font voir le peuple pâle et exténué par le besoin de nourriture, que de ceux qui le représentent dans la misère et manquant de tout, si on excepte le pain.

L'homme sage qui apprécie ces deux situations à leur juste valeur, voit que l'une fait douter de l'existence des hommes, et que l'autre les conduit à la plus affreuse indigence, ce qui se rapproche beaucoup.

Pouvait-on en méditant, mais surtout en écrivant sur cette matière, se dissimuler ces deux vérités? Ce n'est donc point trop s'avancer que de dire qu'il était bien facile de défendre le pour ou le contre, et que cette discussion a été plutot envisagée comme une cause d'esprit où chacun pouvait faire connaître quel était l'étendue du sien, que comme affaire publique à laquelle il fallait nécessairement une solution.

Avec de tels motifs pour trouver le bien public, était-il possible d'y parvenir? Chaque individu ne cherchait-il pas son intérêt particulier, en voulant faire accroire qu'il ne s'occupait que de celui de l'État? On peut séduire un instant par des discours apprêtés, mais la vérité a seule le droit de persuader.

Il est incontestable, et tous les hommes sensés avouent que si des approvisionnemens publics pouvaient se faire, *sans altérer ni gêner les revenus de l'État ou ses facultés, et d'accord avec tous les intérêts honnêtes de tous les citoyens en général;* il est, dis-je, incontestable que l'on ne pourrait en nier l'utilité et la nécessité.

La difficulté n'est pas de savoir comment établir ces magasins : où ils doivent être placés ; la police à observer, s'ils étaient établis : tout cela tient à une administration secondaire, et qui ne doit pas fixer l'attention *dans ce moment*, afin de ne pas s'occuper de petits objets quand on en a d'essentiels à traiter.

Quelque considérable que soit cette entreprise, puisqu'il s'agit de pourvoir à la subsistance, pour quelque temps, de vingt-quatre millions d'hommes qui composent la France, un fonds de cinquante millions serait suffisant ; et quelque forte que soit cette somme, elle n'est point en proportion de la ressource ouverte au Gouvernement.

Si on m'objecte que ce serait détourner des fonds destinés à la liquidation de la dette publique, ma réponse sera que la subsistance des citoyens est la première chose à prévoir, surtout quand on a la certitude physique de parer à tous les événemens.

La difficulté de trouver les fonds nécessaires à ces approvisionnemens, ne pouvant plus être une objection raisonnable, l'emploi de cette somme doit fixer les premiers regards.

Les choses prises telles qu'elles sont, car il ne faut jamais rien déranger, il sera certain de dire que les grains sont ou trop chers, ou à trop bas prix, ou bien encore qu'ils sont à un prix mitoyen auquel le propriétaire, le laboureur et le peuple trouvent à-peu-près leur compte.

Ce dernier état est difficile à concevoir, mais il faut l'admettre pour éviter toute contestation. En supposant qu'il peut exister dans le même moment, et dans toutes les provinces de la France, il est incontestable que toute exportation doit être défendue, puisque la plus faible permission d'exporter pourrait déranger cet heureux équilibre.

Si les blés sont trop chers? Il est évident que l'exportation ne peut être permise qu'en courant les risques d'exposer la vie des citoyens. Mais s'ils sont à trop bas prix? Voilà le moment où les achats d'approvisionnement doivent commencer, parce que le Gouvernement doit les mêmes secours à tous les hommes, riches ou pauvres, propriétaires, laboureurs ou peuple; du moment qu'un de ces êtres souffre par la cause publique, l'État lui doit une indemnité.

Les achats d'approvisionnement en tiendront lieu pour le propriétaire et le laboureur, et remplaceront dans une bien plus juste proportion, pour tout le monde, l'exportation que l'on serait obligé de permettre et de défendre peu de moments après l'avoir permise.

Ces achats, que l'on peut considérer comme toujours ouverts et toujours fermés, ne doivent avoir lieu que lorsque les grains seront au-dessous du prix arrêté par le gouvernement, pour être le prix heureux auquel il serait à désirer que les blés pussent être fixés, pour le bien-être général: en sorte que si le prix de 24 liv. par setier, doit être le prix moyen pour tous les individus, dès l'instant que les grains seront à un taux inférieur, les achats pourront avoir lieu, afin de rappeler l'équilibre; et du moment où le prix excédera celui de 24 liv. tout achat doit cesser, jusqu'à ce que le trop bas prix, pour le cultivateur, ne vienne solliciter les achats du Gouvernement.

Les cinquante millions demandés pour tenir la balance entre les propriétaires et le peuple, auraient le double avantage, s'ils étaient employés, de calmer les inquiétudes du peuple sur son existence, et de porter l'agriculture à son dernier période, en assurant au laboureur la facilité et la certitude de vendre à un prix heureux, au moment où il aura besoin de le faire.

Il ne parait pas possible de douter de cette vérité également utile à tous les hommes, et à laquelle il faut ajoûter, pour mettre le dernier sceau, l'intérêt qui en résulterait pour l'Etat.

En donnant la solution de la seconde difficulté proposée contre les approvisionnemens, et qui consiste à demander *ce que deviendraient les grains renfermés dans les magasins publics, dans le cas où plusieurs années d'abondance se succéderaient :* on verra l'utilité dont ils seraient pour le Gouvernement, soit dans le moment le plus heureux, soit dans la disette.

On est, malgré soi, forcé d'en revenir à ces trois hypothèses, qui sont le fondement de la vérité; ou les grains sont trop chers, ou ils tiennent un prix mitoyen qui est le terme heureux, ou bien ils sont à trop bas prix.

S'ils sont trop chers, des approvisionnemens ne peuvent se faire; ce n'est certainement pas le moment d'y songer. S'ils sont à un prix mitoyen, il faut laisser les choses telles qu'elles sont; c'est l'état d'un homme bien malade qui jouit d'un moment de repos, et qu'il faut bien prendre garde de troubler : mais c'est aussi le moment, pour ceux qui veillent sur ce malheureux, de préparer tout de manière que s'il vient un changement, ou en bien ou en mal, on soit à portée de fixer le premier et de parer au second.

On ne pourrait donc trop promptement faire des préparatifs qui annonceraient l'intention du Gouvernement, et qui prouveraient en même-temps au cultivateur, que quelque quantité de grains qu'il pourrait retirer de la terre, il serait sûr de les vendre.

Si les grains sont à bas prix, c'est le moment de remplacer l'exportation par les achats, afin de ne pas faire souffrir le cultivateur, d'une défense rigoureuse d'exporter. Il faut donc supposer, pour voir l'utilité de ces approvisionnemens, qu'ils sont faits, que les greniers de l'État sont remplis, et que néanmoins, le bas prix auquel les blés se soutiennent, prouve qu'il en est une quantité bien supérieure aux besoins.

Pour remédier à une telle abondance (si fatale à ceux qui l'on produite), sans blesser les droits du commerce, ni l'assujettir à ne sortir que de tel ou tel Port, s'il veut profiter de la permission donnée; il faut ouvrir une exportation libre pour tout le Royaume, car tous les sujets sont égaux ; MAIS SOUS LA CONDITION QU'IL NE SORTIRA PAS UN SEUL BOISSEAU DE BLÉ, POUR L'ÉTRANGER, S'IL N'A PAS ÉTÉ ACHETÉ DANS LES MAGASINS DE L'ÉTAT.

Voilà la seule loi à faire pour rendre à tous les hommes, dans cette partie, la justice qui leur est due; pour porter ce commerce, au point où il doit être, et dont il est bien loin; enfin, pour encourager l'agriculture, qui, sans la certitude de vendre, n'ira jamais au-delà de ce qu'elle est, quelque dépense que l'État fasse pour la faire augmenter.

Est-il nécessaire de faire voir le bénéfice que le Gouvernement peut faire sur la vente de ses grains à l'étranger? Si, dans les temps de disette, l'État ne doit pas bénéficier sur la revente de ses grains à ses sujets, il n'en est pas de même pour les Nations voisines qui se trouveront dans le besoin. Le prix à leur demander ne peut être fixé que sur le prix commun de l'Europe; et il serait alors très-ordinaire, en France, de voir la livre de pain à un prix raisonnable, lorsque les grains, pour l'étranger, seraient à un très-haut prix.

Ce ne serait donc plus le monopole, l'opinion des propriétaires ou des marchands de grains, les manœuvres dont on se sert ordinairement pour faire hausser ou baisser cette utile denrée, qui en dicteraient la valeur : elle serait uniforme dans tous les Ports, et cela seul suffirait pour écarter toutes les Nations de la concurrence.

Sous quelqu'aspect que l'on se plaise à considérer cette loi à faire, on en verra résulter mille avantages, et pas un seul inconvénient.

CHAPITRE VI.

Résumé du Chapitre précédent.

Pour rendre en peu de mots tout l'ensemble de ce plan, et le rapprocher sous un même point de vue, (il est difficile sur certains objets, de se faire trop entendre ;) il faut :

1.° Défendre sévérement l'exportation dans tout le Royaume, mais afin que l'agriculture et les cultivateurs n'en souffrent pas, il faut aussi annoncer, dans le même moment, que l'intention de l'État est de la remplacer par des achats publics qui porteront les blés au taux où ils doivent être pour le bonheur de tous.

2.° Si les magasins de l'État, étant remplis, la surabondance continue, permis à tout le monde d'exporter, et par tous les Ports; car, encore une fois, tous les citoyens ont le même droit à la chose; mais sévérement défendu d'exporter d'autres grains QUE CEUX QUI SERONT ACHETÉS DANS LES MAGASINS DE L'ÉTAT.

3.° Si les blés augmentent de prix, et sont portés au dernier terme fixé par le Gouvernement pour être le plus haut, toute vente à l'étranger cessera, et les magasins ne seront plus ouverts que pour le soulagement du peuple. C'est par cette douce loi qu'il sera permis de rappeler le possesseurs des grains à des principes d'équité que l'État n'a pas le droit d'exiger d'eux, dans le moment du besoin, parce qu'il ne fait rien pour les soulager dans les jours d'abondance; mais la crainte d'essuyer une non-valeur dans leurs grains, les forcerait alors de se prêter à ses vues, et d'autant plus judicieusement, qu'il leur préparerait des secours dont ils doivent bientôt éprouver l'utilité.

4.° Si les approvisionnemens *seulement commencés*, les blés viennent à renchérir, ils doivent cesser; parce qu'alors les propriétaires n'auraient plus besoin du secours de l'État, puisqu'ils trouveraient à vendre leurs denrées à un prix raisonnable, et que ce n'est que pour tenir la balance qu'il se présente dans les marchés publics.

Je ne crois pas que l'on puisse dire qu'un plan de cette nature est difficile à exécuter. La ferme des sels, si à charge à l'humanité, dût présenter bien d'autres difficultés dans son établissement. Des Provinces exemptes de ce droit, et qui touchent à des Provinces qui y sont soumises, des limites à fixer, des barrières à établir, des gardes à poser, une répartition à faire de cette denrée de seconde nécessité, sur le public, et sur le public malheureux, des lois à faire, et des lois de sang, afin de contenir le peuple, d'autres lois à faire pour les fermiers, afin qu'ils n'excèdent pas leurs pouvoirs, tout devait présenter des difficultés insurmontables; cependant elle existe.

C'est ici tout le contraire. Nulle gêne, point de barrières; point de limites; une seule loi, mais douce, mais dictée par l'équité, pour le bonheur de tous les hommes, et dans la chose la plus essentielle à leur existence : voilà ce qui remplacerait les exactions d'une ferme trop à charge, en donnant plus de bénéfices à l'État.

Le Royaume serait une famille dont le Prince serait le père qui ferait faire des approvisionnemens pour ceux de ses sujets à qui la fortune est contraire; et qui, non content de prévoir aux besoins des malheureux, voudrait encore que les citoyens aisés trouvassent un bénéfice dans le travail qu'ils font pour le public, en cultivant la terre.

La différence est-elle assez forte, et peut-il en être une plus grande ?

CHAPITRE VII.

Des moyens dont on peut se servir pour établir des Magasins.

Avant de penser à statuer sur le nombre et la grandeur des magasins, il faut voir ce qu'il serait à-peu-près nécessaire d'y mettre.

La France contenant vingt-quatre millions d'habitans, et la nourriturede chaque individu estimée à deux setiers de grains par an, c'est vers quarante-huit millions de setiers de blé dont elle a besoin chaque année, et conséquemment quatre millions de setiers par mois (1).

En fixant le prix de chaque setier, à 24 liv. tournois, le blé nécessaire à la nourriture de vingt-quatre millions d'hommes, par mois, se montera à quatre-vingt-seize millions en argent.

Voilà la raison pour laquelle on demande à l'État cinquante millions, pour parer aux fâcheux événemens de l'abondance

(1) Ce calcul est trop fort; mais il faut observer qu'en pareille circonstance, pour se rapprocher le plus près possible de la vérité, il faut être beaucoup au-dessus pour ne se pas tromper.

ou de la disette ; parce qu'alors le Gouvernement pourra assembler pour quinze jours de nourriture, pour tous les citoyens en général : mais comme dans ce nombre d'hommes, il en est la moitié qui vivent de leurs propres greniers, ou qui font des provisions pour quelques jours, il est à croire que l'approvisionnement de deux millions de setiers équivaudrait à un mois de nourriture, et plus.

D'ailleurs, pour qu'il n'y en eût que pour quinze jours, il faudrait que tous les propriétaires des grains fussent aussi quinze jours sans vendre, ce qui est impossible; et ce qui est encore plus improbable, c'est qu'il faudrait que tous ces propriétaires renonçassent à consommer de leurs propres blés, et préférassent ceux des magasins publics aux leurs.

Il est donc constant que, même dans une véritable disette, des approvisionnemens faits dans la proportion de cinquante millions, suffiraient pour donner un mois de répit, et aviser aux moyens d'importer les grains nécessaires à la consommation publique (1).

Je n'ai, jusqu'à présent, statué que sur des faits que j'ai même exagérés au désavantage du plan que je propose, dans la crainte de quelque reproche, mais s'il m'était permis, pour étayer la vérité que j'annonce, de me servir d'une preuve prise dans l'opinion des hommes, je dirais que des magasins publics, sagement établis, feraient ouvrir ceux des particuliers que le monopole fait fermer, et rendraient à la circulation une immensité de blés souvent inutiles, mais toujours entassés par l'espoir du bénéfice.

Il est donc bien facile d'arrêter le monopole sans avoir à le

(1) La vraie disette n'est jamais l'effet du moment; on peut la prévoir de loin, et deux millions de setiers de blés seraient un beau préparatif pour l'éloigner.

punir : car, quel est l'homme assez fou pour assembler des grains dans l'espoir d'un gain considérable, lorsqu'il se verra l'État pour concurrent, quand il s'agira de vendre aux citoyens. Où les grands intérêts cessent, il n'est plus d'accaparemens.

Le nombre des magasins peut être restreint ou augmenté, et certainement l'opinion y aura beaucoup de part. Je serais pour le grand nombre, afin que les secours fussent plus prompts et plus certains, dans un moment critique, de même qu'ils favoriseraient le cultivateur dans les temps d'abondance, en le mettant à proximité de se défaire promptement et sans frais de sa denrée.

Beaucoup de magasins, mais plus ou moins rapprochés, suivant le besoin des Provinces (1), seraient à portée de se donner un mutuel secours. De toutes les manières de se les procurer, la moins dispendieuse serait de les prendre où ils sont; les maisons religieuses en présentent de tous faits; peut-être même serait-il très-juste et très-heureux pour elles de leur fournir un moyen d'être utiles à l'État. Les grains seraient en sûreté, la garde devrait en être peu chère. Les Provinces qui n'admettraient pas cette économie, pourraient, mais à leurs frais, faire construire les magasins qui leur seraient nécessaires; et cette charge ne doit pas paraître onéreuse au peuple, si l'on considère l'avantage qu'il en doit retirer.

Les soins à donner pour la conservation des blés doivent encore tourner au profit du peuple. Soit qu'on se serve des moulins inventés pour vanner le grain, ou qu'on préfère de

(1) Celles du Languedoc et de la Provence en exigeraient davantage que la Bretagne et la Normandie, parce qu'elles sont sujettes à plus de besoins.

le retourner à force de bras, c'est toujours la main du journalier qu'il faudra employer; et si ce dernier parti était adopté de préférence, ce serait aux pauvres, aux mendians qu'il faudrait avoir recours pour le faire, et les forcer à un travail où ils ne pourraient pas prétexter d'ignorance ou de faiblesse.

Au surplus, il est mille moyens différens qui ne s'éloignent pas du mieux dans ces menus détails, parce qu'ils dépendent des circonstances, du local et de l'économie. Tout cela est peu de chose, la manière de les régler n'exige pas une force de génie bien supérieure.

Toute vérité qui s'annonce pour nouvelle est presque sûre d'être combattue; mais ce qui doit consoler, c'est qu'il est de son essence de surnager sur les temps. Qu'il serait heureux de pouvoir s'imaginer tous les sophismes que les hommes bilieux savent faire! On essayerait d'y répondre d'avance, afin de leur éviter la peine qu'ils se donnent à contourner les choses et les mots pour leur donner un air d'apparence. La législation des grains se prête peut-être plus que toute autre matière à ce jeu là, parce que tenant à tout, on peut tout y rapporter.

Il serait donc long et trop pénible de s'occuper de la recherche de toutes les captieuses objections que l'on pourra faire; mais afin d'en diminuer le nombre, il faut en examiner quelques unes qui, par analogie, aideront à résoudre celles que l'on abandonne à la critique, si toutefois il est possible d'en faire qui soient au moins apparentes.

CHAPITRE VIII.

L'État peut-il faire le commerce des grains?

Non, sans doute; cette action serait contraire aux intérêts du Prince, car, on doit entendre par commerce, acheter pour revendre, et revendre pour bénéficier : or, c'est le droit du citoyen et non celui de l'État.

Mais si l'on veut aussi nommer commerce, faire des approvisionnemens de blés pour les céder ensuite au peuple, dans les temps de calamité, au prix, ou à peu de chose près, qu'ils ont été achetés, je répondrai alors que c'est le droit de l'État, et que personne n'y doit prétendre. S'il était un particulier assez riche pour oser l'entreprendre, sans l'aveu du Prince, il outre-passerait les bornes de l'humanité, en supposant ses actions dirigées par des vues aussi honnêtes. C'est donc à l'État, et à l'État seul, qu'il est réservé de pourvoir à la subsistance des citoyens.

Mais, dira-t-on, *si l'État achete des grains, qui est-ce qui pourra entrer en concurrence avec lui?* Tout le monde, puisque son intention n'est que de venir au secours du propriétaire et du cultivateur, lorsque les blés seront à bas prix, et qu'il se retirera des marchés dès l'instant que les grains seront au prix où il est à propos qu'ils montent pour le bien-être général.

Par une suite de conséquences, il doit être également démontré qu'il ne serait pas de l'intérêt de l'État que les grains montassent à un trop haut prix, puisqu'il serait obligé d'ouvrir ses greniers pour le soulagement du peuple.

Il ne s'agit, pour mettre cette idée à la portée de tout le monde, que de fixer le prix du setier. Si donc les blés sont à 24 liv., l'État ne peut plus acheter, *et ne tiendrait pas compte à ses commettans d'un prix supérieur.*

Si les grains tombent au-dessous de 24 liv., les magasins seront ouverts pour recevoir tous les blés que les propriétaires ou cultivateurs auront la volonté d'y verser, dans la certitude de trouver, à l'instant, la vente de leurs grains, et les fonds dont ils pourraient avoir besoin.

Si, au contraire; les blés montent au taux de 35 liv. le setier; car il faut un intervalle de prix qui puisse servir de récompense au commerce de seconde main, l'État ouvre alors ses greniers pour la consommation publique, afin de faire retomber cette denrée à un taux plus analogue aux facultés publiques.

Il paraît bien dans l'équité qu'une telle loi soit la règle de l'État, puisqu'elle n'est contraire aux intérêts de qui que ce soit, et qu'elle favorise ceux de tous les hommes.

Je ne m'efforcerai pas de prouver qu'il est peu nécessaire que des particuliers accaparent les grains; le souffrir, c'est permettre, ou du moins, tolérer le monopole. Peut-on s'y méprendre? Si un particulier achete des blés, c'est sur l'idée d'un bénéfice : et peut-on croire qu'il refusera de le faire sur ses propres concitoyens, si une heureuse circonstance se présente?

Demander si le gouvernement peut faire le commerce des grains, est donc une de ces questions dont le seul but est l'illusion, parce que c'est allier à l'action de prévoir à la subsistance du peuple (qui est un des droits sacrés de la Couronne) l'idée d'un commerce qui la dégraderait, si le seul intérêt en était le mobile.

En s'opposant aux approvisionnemens, c'est dire ouvertement qu'il faut laisser au hasard le soin de faire subsister la classe indigente de l'État; et comme il est démontré qu'une faute de législation en entraîne mille autres, c'est abandonner le cultivateur et les propriétaires au sort des événemens heureux ou malheureux, l'État, enfin, à sa propre destinée.

N'est-ce pas dire qu'il n'est pas besoin de lois; car si cette opinion devait l'emporter, il faudrait convenir de l'inutilité d'un plan qui préviendrait les pertes que le Gouvernement fait dans l'abondance, et les maux qu'il ressent dans la disette, plan qui a été inutilement demandé par les vrais citoyens, jusqu'à ce jour. L'un ou l'autre de ces événemens se fait-il sentir, les regrets suivent, et le remède vient toujours trop tard ou mal à propos.

L'État peut donc faire le commerce des grains, si l'on veut absolument nommer ainsi des approvisionnemens dictés par la prudence; et il le peut d'autant plus sûrement, qu'il ne blesse aucun ordre de citoyens, si on en excepte le monopoleur; mais c'est au Gouvernement de voir s'il doit écouter de telles plaintes.

CHAPITRE IX.

Le Commerce ne souffrira-t-il point par les approvisionnemens de l'État ?

Pour bien décider cette question, il faut savoir comment se fait ce commerce, l'orsque l'exportation est permise, et alors le jugement n'est pas difficile à prononcer.

Qu'un Négociant de Cadix demande à son Correspondant, en france, mille ou quinze cents setiers de grains, pour partir par le premier navire en chargement pour l'Espagne, mais toutefois, sous la condition que le setier n'excédera pas un prix que nous supposerons être de 28 ou 30 liv.

Si ce Correspondant trouve, dans sa ville ou dans les environs, de ces hommes spéculateurs sur les blés, que le prix du jour leur convienne; le marché se fait, on mesure les grains, ils s'embarquent, le navire chargé met à la voile : tout, jusques-là, est simple et d'une marche rapide.

Mais s'il se trouve qne les blés ont été demandés, qu'il n'y ait plus de magasins assez considérables pour fournir à un chargement de cette conséquence, il faut chercher dans le détail ce qu'on ne peut plus trouver en gros. Voilà le moment où les embarras commencent. Il s'en faut de beaucoup que cette difficulté soit la seule; j'en oublierai certainement un grand nombre.

Pour peu que les spéculateurs apperçoivent un léger mouvement dans les grains, quelques embarquemens, le prix change, et les ordres donnés de l'étranger ne peuvent plus s'exécuter; il en résulte une perte pour l'État et pour le commissionnaire.

Si les achats ont été commencés au prix de 28 ou 30 liv. et que les blés aient monté à 33 ou 34 liv., (le cas n'est pas rare,) que faudra-t-il faire? Revendre les premiers grains achetés, puisqu'on ne peut completer le chargement au prix fixé? Ce serait peut-être le plus court; mais ces grains ont occasionné des frais, des risques, des avances, peut-être des avaries : qui les supportera? Serait-il plus prudent d'écrire en Espagne pour avoir de nouveaux ordres, afin d'acheter au prix du jour? Ah! quelle lenteur, et encore, n'est-on pas à la fin.

Si, dans l'espérance de compléter ce chargement, le correspondant de France s'est pressé d'affréter un navire, qui est-ce qui paiera cet affrétement, s'il n'a pas lieu; ou les jours de planche, s'il y en a d'excédens; ou bien encore, ce qu'il faut toujours compter, le dépérissement des blés, occasionné par tous ces retards? Je ne vois dans la manière actuelle de faire ce commerce que des peines, des contestations, des procès, des pertes, ou tout au moins un vrai dégoût pour l'étranger de commercer avec la France, qui, dans ce commerce, ne présente rien de fixe et de solide.

Je n'ose, dans la crainte qu'on ne m'accuse de trop charger

le tableau, parler des entraves dont on le gêne, et des risques qu'il court de voir arrêter ses chargemens, par les ordres du Ministère, si les grains montent à un certain prix. Comme ces événemens ne peuvent guère être prévus, qu'ils ne dépendent pas du Négociant, il faut les taire.

Si tout cela ne suffit pas pour faire voir que ce commerce ne jouit pas de toutes les facilités possibles, dans le système présent, il faut y ajouter les risques qu'il présente dans les jugemens précipités du peuple, et la clandestinité dont on est obligé d'user pour le faire ; on aura alors quelques idées de la chose.

C'est assez, et peut-être trop s'occuper de l'insuffisance des lois, du peu de ressort qu'elles donnent aux actions des hommes; il est temps de voir quelle serait leur influence si elles étaient plus heureuses.

Des approvisionnemens sont faits (il est permis de se croire heureux par anticipation), et vingt demandes arrivent, dans le même jour, des pays étrangers; qu'en arrivera-t-il, et quelles en seront les conséquences ?

Ou l'État aura besoin de tous ses grains pour la subsistance de son peuple, ou, parfaitement instruit de ses forces, il saura la quantité de blés qu'il peut permettre d'exporter (1).

Si l'État a besoin de ses grains, il ne sera point de lenteur dans ce commerce; la réponse à faire à l'Étranger est simple : *le Gouvernement a fermé ses magasins.*

Si, au contraire, l'abondance exige l'exportation, les vingt

(1) Le prix des grains, après les achats du Gouvernement, serait un thermomètre sûr pour décider du nombre de boisseaux que l'on pourrait exporter. Quelques années de pratique pourraient même donner la connaissance de ce que la France serait en état de fournir à l'étranger, dans une année médiocre ou d'abondance.

demandes supposées ci-dessus s'expédieront au même moment, sans contestations, sans procès, sans pertes, et à la plus grande satisfaction de l'étranger. Tout se ferait aussi promptement, aussi judicieusement qu'il est possible de le faire. Voilà le moyen de l'emporter dans la concurrence avec les autres Nations, et de prouver au cultivateur que, quelque quantité de blé qu'il fasse naître, il est sûr de le vendre à un prix proportionné aux dépenses qu'exige l'agriculture.

Où est l'homme qui oserait maintenant demander si les approvisionnemens seraient utiles au commerce ? Quelles raisons pourrait-on donner pour prouver que le Gouvernement ne doit pas établir des magasins pour l'exportation, puisque ce serait la seule manière équitable de la permettre, si elle doit avoir lieu ? Par qui le fera-t-on remplacer pour secourir également le cultivateur et les commerçans ? Où trouver enfin un être, une chose quelconque qui puisse répondre à l'État des biens et de la subsistance des citoyens, si ce n'est l'État même et la loi.

Tout mûrement examiné, bien pesé, ou la France sera toujours à la veille d'essuyer les maux que la disette lui a si souvent fait éprouver, pour peu qu'elle s'écarte du système oppresseur qu'elle semble avoir adopté dans la défense d'exporter; ou bien son agriculture et son commerce de blés seront toujours beaucoup au-dessous de ce qu'ils pourraient et devraient être, si une judicieuse exportation n'assure pas au cultivateur la vente de ses denrées.

Il faut l'avouer, les lois qu'elle suit sont vicieuses et le seront toujours, tant que les hommes de toutes les classes n'y trouveront pas un intérêt direct et une production assurée. L'État même y perdra beaucoup lorsqu'elles ne seront pas heureuses, parce que les maux montés à un certain dégré, il est obligé de sacrifier tous ses droits pour y remédier.

CHAPITRE X.

L'Agriculture sera-t-elle véritablement encouragée par ce moyen ?

On dit depuis si long-temps qu'il faut protéger l'agriculture, l'encourager, comme étant la véritable richesse, qu'il ne serait pas nouveau de le répéter : mais que veut-on dire en parlant ainsi ? Quel sens attache-t-on à ces mots ?

Voudrait-on donner l'idée de décharger la campagne des subsides qu'elle paie à l'État ? Les cultivateurs se multiplieraient dans l'espoir de ne plus payer d'impôts, sans qu'on pût réussir, par cette voie, à porter l'agriculture au delà du terme où elle est aujourd'hui.

Penserait-on à donner des encouragemens à ceux qui auraient la plus belle récolte ? La richesse remportera très-certainement le prix ; mais de quelque force que ce moyen paraisse, il n'y aura d'émulation qu'entre un très-petit nombre de cultivateurs, auquel les autres laboureurs abandonneront la couronne sans contestation, et l'agriculture n'en retirera pas le plus léger avantage, parce que le fermier peu riche ne peut imiter le cultivateur fortuné.

Enfin, est-il possible que l'on puisse mieux cultiver les terres qu'elles ne le sont présentement, *en laissant subsister les lois que nous avons sur le commerce des grains ?* C'est ce que je ne crois pas, et que je vais tâcher de rendre sensible.

Point d'engrais, point de blés ; ce principe est certain. Or, tous les fumiers, tout ce qui peut faire végéter la terre, est scrupuleusement employé tous les ans : on a donc raison d'en conclure que les terres sont autant cultivées qu'elles peuvent l'être, *supposant toujours que les lois que nous avons seront les mêmes.*

La cause presque générale d'une mauvaise ou faible récolte, vient du trop peu de fumier que l'on donne aux terres; ainsi, point d'année entièrement bonne pour la quantité qui est en valeur.

Quoi de plus commun que de voir un champ chargé de la plus belle moisson; lorsque le champ voisin, qui tient en tout du même sol, n'en porte qu'une faible ou médiocre. Si l'on interrogeait le cultivateur de cette dernière terre, on serait peut-être bien surpris de lui trouver des connaissances beaucoup supérieures à celles de son heureux voisin; et surtout de lui entendre dire qu'il l'a deux fois plus labourée pour lui faire produire une faible récolte, que le fermier qui a mis l'engrais nécessaire et à temps, n'a travaillé la sienne.

On pourrait renfermer, en bien peu de mots, tout ce qui a été dit par toutes les sociétés d'agriculture : fumez bien vos terres, semez-y de bons grains et vous aurez une bonne récolte, si les saisons ne s'y opposent pas absolument. Voilà tout ce que l'on a enseigné aux cultivateurs; effectivement il était bien difficile de leur en apprendre davantage; car je ne crois pas que l'économie, si nécessaire dans cet état, soit du ressort des sciences.

Nous en sommes donc encore au même terme où nous en étions avant les établissemens de ces Académies. On doit donc encore dire ce que l'on disait dans ces temps-là : que le plus habile [illegible]e, celui à qui l'humanité devrait le plus, serait [illegible] *frais*, donnerait le moyen de faire des fumiers [illegible]). Mais comme il est d'une impossibilité phy-

[illegible]e je dis est prouvé par cela seul, qu'il est beau[illegible] qui payaient autrefois pour faire enlever les boues [illegible] immondices des rues; et qui vendent maintenant, par [illegible]ication, ces mêmes boues à des cultivateurs, qui les enlèvent à leurs frais.

sique que cela soit, et que le prix des blés doit être en raison des dépenses à faire pour les faire croître, il faut tenir compte au laboureur de tous les frais qu'exige la culture, et lui adjuger ensuite un bénéfice pour l'encourager au travail.

Or, supposons que le setier de blé coûte, en frais, de 15 à 18 liv. peut-on s'empêcher de verser des larmes sur le sort du cultivateur, lorsque les grains sont à 18, 19 ou 20 liv. prix qu'on a vu retomber en 1776 et depuis, à 16 et 17 (1). Quelle perte pour la campagne et pour l'État, quand on pense que des approvisionnemens justement ordonnés, auraient pu rappeler l'équilibre nécessaire à ce commerce.

Quel sera donc le moyen le plus sûr pour engager le cultivateur à faire les dépenses nécessaires pour se procurer les engrais dont la terre a besoin ? L'assurance d'un bénéfice honnête qu'il pourra faire sur ses blés, lorsque l'État viendra à son aide, et qu'il changera l'arbitraire des marchés, en certitude de vendre à un prix plus heureux.

Le bien-être de la société est tellement lié à un système sage et suivi; qu'il n'est pas possible de lui procurer un avantage,

---

On pourrait peut-être accroître la masse des fumiers en mettant une couche de terre d'un pied d'épaisseur sur une couche de fumier de la même épaisseur, et successivement jusqu'à la plus grande hauteur possible, en observant de laisser cette masse s'amalgamer pendant un an, avant de s'en servir. Cette idée est sans doute fort bonne, mais elle ne remplit point l'objet. Voilà des frais considé[illegible] pour le laboureur, lorsque l'État ne lui donne aucun[illegible] de vendre ses grains à un prix heureux, s'il en est [illegible] quantité.

(1) Les Provinces méridionales de la Fran[illegible] les maux qu'occasionne la disette, presque dans le [illegible] que les autres Provinces souffraient par l'abondance : a[illegible] peuple peut se plaindre d'avoir pâti dans le même m[illegible] par les deux extrêmes.

dans une partie, sans que les autres n'y participent pour quelque chose ; de même qu'elle ne peut pas souffrir, dans un point, sans que ce mal n'influe sur les événemens les moins susceptibles, en apparence, d'en porter le contre-coup.

Aussi verra-t-on, si on suivait le plan que l'on propose comme un encouragement à l'agriculture, naître de ce bonheur la multiplication des animaux nécessaires à l'existence de l'homme; multiplication qui ne peut avoir lieu aujourd'hui, parce que le cultivateur, devant presque toujours essuyer une perte sur ceux qu'il achette ou qu'il élève pour le servir, et en supportant une seconde sur les grains qui devraient le dédommager de la première; il abandonne la propagation de ces êtres, et perd les engrais nécessaires à la végétation des blés qui doivent fournir à ses besoins et à la subsistance publique.

Voilà le tableau des choses qui existent. Un engourdissement général, des pertes répétées, une mauvaise culture; tels sont les produits de notre législation sur les grains. Mais concevons, en place de ce qui est et ne devrait pas être, la certitude de vendre, et de vendre à un prix honnête, qui indemniserait des dépenses à faire (je dirais même des pertes) avant d'arriver aux bénéfices; c'est alors que l'on verra tous les citoyens s'empresser de concourir au bien général dont l'intérêt particulier sera la récompense.

La différence de ces deux situations se présente naturellement : dans la première, qui est celle du jour, les vœux du cultivateur sont contraires à ceux du peuple, parce qu'il n'est entr'eux aucun être intermédiaire qui tienne la balance. Le cultivateur voudrait voir les grains hors des bornes ; le peuple, à un prix au - dessous de ce qu'ils ont coûté. Rien, dans le Gouvernement, ne dit au premier, vos grains sont à trop bas prix; je les porte à tel autre, afin d'alléger vos pertes et d'arriver aux bénéfices qu'il est juste que vous fassiez. Vous, peuple,

Je vous garantis que vous ne payerez jamais votre subsistance au delà de tel prix, sans me voir partager avec vous le poids de la disgrâce, et faire tous mes efforts pour l'éviter.

Tel devrait cependant être le langage de l'Etat, celui enfin que nous admirerions dans un père tendre qui voudrait faire naître des sentimens d'amour dans ses enfants. Et, en effet, quel moyen plus sûr pour atteindre à ce point, que de prouver à tous les hommes, qui sont tous appelés par un intérêt particulier à la discussion de cette cause, que c'est de leur seul bonheur dont le Gouvernement est occupé? Cette seconde situation serait certainement plus heureuse que la première.

C'est donc dans le prix médiocre, mais à-peu-près constant des grains, que se trouvera la récompense des frais que le cultivateur doit faire pour se procurer les engrais nécessaires à la terre. C'est à cette législation que la prospérité de la campagne est attachée, ainsi que celle de l'État, qui ne peut atteindre à son vrai dégré de splendeur que lorsque les terres produiront ce qu'elles peuvent produire.

Que la France, convenons-en, est loin de ce but! Ce ne sont pas les bras qui lui manquent; vingt-quatre millions d'hommes doivent lui assurer la plus florissante agriculture, et la perspective de la plus forte population; si, après tant de siècles de barbarie, elle veut enfin consulter ses vrais intérêts et la vérité, qui lui conseilleront de révoquer des lois dont les contradictions ou les modifications qu'on est obligé d'y apporter chaque jour, déposent contre leur véritable utilité, et l'existence du solide bonheur qu'elle s'en était promis.

Je crois qu'il serait inutile d'aller plus loin dans la recherche des questions que l'on pourrait faire sur ce plan. Si l'homme de bonne foi et désireux de s'éclairer peut s'en faire d'autres, elles auront certainement quelque rapport avec les intérêts de l'État, des propriétaires, des cultivateurs ou du peuple, qu'on a démontrés; autrement elles seraient inutiles ou captieuses. Quoique cet examen semblât devoir suffire, on a encore parcouru les avantages indirects qne l'agriculture et le commerce en retireraient; ainsi il n'est pas d'être qui ne doive trouver le sien propre dans l'exécution de ce plan, parcequ'il faut, de nécessité, qu'il tienne à une de ces classes.

C'est sur cette règle que tous les plans donnés et à donner, pour l'amélioration des choses ou des lois, devraient être jugés. C'est dans la balance de l'intérêt public, ct exactement général, qu'il faudrait peser les réformes que l'on veut introduire; avant de les entreprendre; mais aussi, ce serait alors qu'il s'en trouverait peu qui eussent toutes les qualités nécessaires.

Tout le monde sait qu'il est facile de s'apercevoir du défaut des lois et des usages sous lesquels on a pris naissance. L'habitude d'en entendre parler, et, pour ainsi dire, de les anatomiser, a rendu les hommes à-peu-près clairvoyans, parce qu'il était de leur intérêt de voir : mais l'intérêt particulier, absorbant en eux l'intérêt général, les conduit à une foule d'erreurs plus dangereuses dans leurs conséquences que les défauts qu'ils se proposaient d'éviter.

C'est surtout cette détestable maxime, qui dit qu'il faut sacrifier le petit nombre pour sauver le plus grand, à laquelle nous sommes redevables de bien des maux; comme s'il n'était pas plus à propos que tous les hommes supportassent une partie du fardeau, plutôt que de le laisser en entier à un petit nombre qu'il écrasera; ou encore, comme s'il n'était pas plus sage de faire tous les efforts possibles pour en décharger l'humanité.

Telle est au surplus la nature de l'homme ; jamais, ou du moins très-rarement, le bien général est-il le point de vue qui fixe son attention; heureux encore si son but, quoique bien caché, n'est pas de ramener tout à lui et dans sa main.

CHAPITRE XI.

Des différentes extensions que l'on peut donner à ce plan.

Il est encore un autre ordre d'hommes qui, tenant une espèce de milieu entre les réformateurs, et ceux qui sont attachés aux usages sous lesquels ils ont habitude de vivre, ne prennent ordinairement qu'une partie d'un plan qu'on leur propose, le retournent de différentes manières afin de lui donner un air de nouveauté, de pouvoir dire : je le savais depuis long-temps, cette idée n'est pas neuve.

Ces hommes seraient certainement fort utiles et à chérir si, d'un ouvrage imparfait, ils pouvaient en créer un utile. Mais il arrive presque toujours qu'à force de vouloir simplifier ou réformer, ils n'en font qu'un composé difforme, semblable à ces êtres mutilés qui ne tiennent ni à l'une ni à l'autre des espèces qui caractérisent la vérité.

Arrêtons-nous donc à un point fixe et décidé. Ou une chose est bonne ou elle ne vaut rien. Rarement un milieu ou une modification entre ces deux points, est-il acceptable, lorsqu'il s'agit d'intérêt public; parce que s'il est un nombre d'êtres qui puissent réclamer avec justice, tout est perdu.

Mais dès l'instant que l'intérêt général (qui doit être celui de l'État, malgré la distinction qu'on en fait aujourd'hui) se trouve dans la chose proposée; il n'est plus de modifications ou de retranchemens à faire.

C'est dans cette idée, et pour ne rien donner au hasard, que je présenterai à la discussion publique deux questions nouvelles, relatives à ce plan; en suppliant les hommes exercés à ces combinaisons, de décider s'il est possible qu'elles aient lieu, ou si elles doivent être rejetées

L'État peut-il se faire représenter par une compagnie à laquelle il transmettrait ses droits et ses charges, dans l'achat, ou dans la vente qu'il fera de ses grains aux Négocians qui les exporteront, quand la quantité excédera le besoin public ?

Cette importante question trouvera ses détracteurs comme ses partisans. « Quoi, les grains en régie! diront les premiers. » Cette idée, aussi singulière qu'il en puisse être, présente » trop d'inconvéniens; il faut la proscrire. Ce n'est qu'entre » les mains de l'État qu'il est possible de remettre la vie des » citoyens; et ce serait même lui donner une confiance trop » aveugle, si ses intérêts n'étaient pas aussi intimement atta- » chés qu'ils le sont à la conservation de ses sujets. Comment » se persuader qu'une Compagnie, qui pour l'ordinaire ne » cherche que les grands bénéfices, se contentera de ceux que » peut donner la vente des grains à l'étranger? Ce bénéfice » pourra-t-il l'indemniser des avances considérables qu'elle » serait obligée de faire ? Qui répondra, au peuple, des blés » que l'État aurait permis d'assembler, sous le spécieux pré- » texte que cette acquisition était utile à l'agriculture ? »

On croirait au premier aperçu, qu'il est impossible de répondre à des raisons aussi pressantes; on se trompe.

Premièrement, *ce n'est point une régie*, c'est précisément l'opposé. Dans une régie, le fermier achete de l'étranger (ou des Provinces du Royaume, réputées telles) pour revendre aux citoyens des Provinces auxquelles on a enlevé le droit de se pourvoir à la source. Le tabac et le sel en sont la preuve.

La différence est donc entière, puisque cette compagnie n'achèterait que le superflu des besoins du citoyen pour le porter hors du royaume. Ainsi, ce serait une ferme sans ferme ; des droits, sans droits; une imposition, sans impositions; assis, non sur le citoyen, mais sur l'étranger ; ce qui constitue une différence marquée, et d'autant plus forte, qu'elle assurerait le bonheur même de ceux sur qui elle semble porter, ce qui n'est pas l'apanage des fermes.

Secondement, *l'État ne tromperait point la confiance du peuple, et ne remettrait pas à une compagnie des droits trop absolus*, parce que la compagnie serait elle-même liée par un traité bien simple, ainsi qu'on va le voir.

Troisièmement, *c'est s'inquiéter en pure perte que de craindre qu'une telle compagnie ne fasse pas de bénéfices assez considérables pour l'indemniser de ses avances :* il ne faut que le plus faible calcul pour s'en convaincre.

Puisque cette compagnie n'aurait pas le droit d'acheter un seul boisseau de blé, au-dessus du prix *donné* de 24 liv. il faut le lui compter à ce taux comme le plus haut. Si on y ajoute les frais à faire, et qu'on les porte à 20, 30 ou 40 sous, même à 3 liv. par setier, prix exorbitant, c'est faire monter cette mesure de grains à 27 liv. Or, au prix commun de l'Europe, elle est ordinairement à 30 et fort souvent au delà; que l'on juge maintenant du bénéfice.

Quatrièmement, *qui répondra, au peuple, des blés que le Gouvernement aurait permis d'assembler, sous le spécieux prétexte que cette acquisition serait utile à l'agriculture ?*

Et, qu'est-il besoin de répondant en pareille circonstance, la chose même est la caution ; car les blés étant dans des magasins publics, et n'en pouvant sortir qu'avec le consentement du Gouvernement, ils y sont plus sûrement, pour le peuple, qu'entre les mains des propriétaires. Paris existerait-il vingt-quatre heures, si des approvisionnemens n'assuraient pas sa subsistance? L'inspection publique, celle de la magistrature, celle enfin de l'État; qui ne peut plus être trompé par des mémoires insidieux, tout assure qu'une certitude de fait prendrait la place de l'arbitraire.

Le traité, aussi court que simple à faire avec cette compagnie, est le meilleur garant qu'il soit possible d'avoir. Trois ou quatre articles suffisent pour le former et éviter toute contestation.

Art. Ier. Vous n'acheterez point de blés au-dessus du prix de 24 liv. Dans le cas où cela arriverait, l'argent donné par la compagnie serait acquis de droit au vendeur, et son grain lui serait rendu. C'en est assez pour arrêter toute malversation; mais le propre intérêt de la compagnie est encore une bien plus sûre garde.

Art. II. Vous ne vendrez, dans aucun cas, pour exporter, lorsque les grains seront à 35 liv. le setier; et vous ne vendrez point encore qu'après en avoir obtenu l'ordre du Gouvernement (1).

---

(1) Il faut observer qu'il serait peut-être impossible que les grains montassent, en France, (pour la consommation du peuple) à 35 liv. le setier, en adoptant le plan que l'on propose; parce que, dans la disette, c'est l'opinion des propriétaires des blés qui en fait le prix, et non pas la rareté de cette denrée.

La ressource du monopole leur étant fermée par la continuelle perspective des magasins prêts à s'ouvrir pour le soulagement du peuple, ils ne pourraient plus espérer de faire monter les blés, ainsi qu'on peut le faire. Leurs prétentions ne pourraient plus être que de vendre à un prix honnête qui pût les indemniser de leurs avances.

Art. III. Les magasins de la compagnie seront ouverts, de droit, pour le soulagement du peuple, à 35 liv. le setier, et à l'instant que le Ministère l'ordonnera pour telle ou telle Province.

Il serait peut-être prudent d'astreindre la compagnie à souscrire à un quatrième article qui l'obligerait de fournir les grains dont la France aurait besoin, au prix de 35 liv. le setier. Peut-être aussi serait-il trop fort de vouloir l'y assujettir dans le cas d'une famine réelle, occasionnée par l'intempérie des saisons, ce qui est bien rare, et ce qui serait peut-être impossible de voir avec de tels approvisionnemens, parce que le monopole ne peut plus avoir lieu. Mais en portant les choses au dernier dégré, et supposant un malheur général, ce serait à l'État à décider des indemnités qu'il devrait alors accorder à cette compagnie; car la manière d'y parer est simple : on le démontrera en parlant de l'importation.

Un tel traité ne serait certainement ni long ni difficile; et quoiqu'il ne présente aucun danger dans son exécution, cependant on ne peut guère se dissimuler le partage d'opinions qu'il occasionnera.

Il est une autre question non moins importante, résultant de la propriété. « *Pourquoi, diront les propriétaires, ne*
» *pas nous associer aux bénéfices que l'État ou une Compa-*
» *gnie peuvent faire avec l'étranger ?* Il est juste, et nous
» en convenons, qu'il ne peut y avoir de droit de propriété
» absolue que sur l'excédent des besoins du peuple; mais alors
» ce devoir rempli, nos droits sont incontestables. Si, pour
» nous empêcher d'en abuser, dans la crainte que le peuple
» n'en fut la victime, vous avez cru devoir défendre l'expor-
» tation, nous nous y sommes soumis en fidèles sujets; et
» quoique notre intérêt particulier en ait souffert, nous avons
» supporté, nous supportons seuls le poids de cette rigou-
» reuse loi.

» Un nouvel ordre de choses se présente pour assurer l'existence du peuple et nos droits; serons-nous les seuls pour qui on ne fasse pas tout ce qu'il est possible de faire ? *Pourquoi ne pas permettre que nous puissions déposer nos grains dans les magasins publics, si nous voulons le faire, et ne pas ordonner qu'il nous soit tenu compte (les frais défalqués) des bénéfices qu'ils pourraient donner ?*

» Loin que l'État y pût courir le moindre risque, il assurerait d'autant plus son plan d'administration que, *sans avoir de fonds à faire*, il pourrait former des magasins immenses qui serviraient à fixer à un taux juste et raisonnable le prix intérieur, en établissant le plus florissant commerce au dehors.

» Il serait l'agent des propriétaires aisés qui voudraient bien lui confier leurs grains; et cette digne charge dont un noble désintéressement serait l'origine, rappellerait dans le cœur des citoyens cet amour pour la Patrie, que le nom seul retrace, et dont cependant le germe est prêt d'éclore, en France, si le Gouvernement sait échauffer les esprits par la chaleur de ses bienfaits. »

Il en faut convenir, il est peu de réponses à faire à cette demande; peut-être même ajouterait-elle à la grandeur de ce plan, et porterait-elle l'agriculture au dernier terme. Il faut aux hommes un intérêt pour les faire mouvoir, autrement ils tendront vers le repos.

On croit ces questions fort importantes, et propres à exercer l'esprit de ceux qui s'occupent du bonheur des hommes.

CHAPITRE XII.

De l'Importation.

Quoiqu'il soit difficile de s'imaginer que la disette puisse encore se faire sentir avec un tel plan d'administration, cependant il serait imparfait si, en admettant des circonstances fâcheuses, de l'intempérie dans les saisons, de mauvaises années enfin, il n'était pas possible d'y remédier plus facilement, plus promptement et à bien moins de frais qu'il n'est possible de le faire aujourd'hui.

Il faut donc, en rétrogradant sur nous-mêmes, se rappeler les années 1768, 1769, 1770, etc. Et supposer qu'elles vont encore reparaître pour affliger la France : quel bien-être retirera-t-elle de ce plan ? Comment fera-t-elle pour parer à un tel mal ? Voilà la question pure et simple.

On l'a déjà dit, la disette n'est point un effet subit, le moment ne la produit point; c'est un orage qui doit gronder longtemps avant d'éclater : ainsi on doit savoir d'avance que les grains manqueront s'ils venaient à manquer. Le monopole, l'opinion des cultivateurs et des marchands, ne pouvant plus influer sur le prix de cette denrée, si les blés montaient à 30 liv. le setier, ce serait alors que le Gouvernement devrait prendre ses dimensions, et s'assurer, à l'étranger, des grains dont il serait possible qu'il eût besoin; car ce prix annoncerait véritablement la rareté de cette denrée.

Ce plan mis en exécution, on ne peut plus tromper, on ne peut plus l'être; il faut un intérêt à-peu-près certain pour essayer de le faire. Et comment les cultivateurs refuseraient-ils de vendre à un prix heureux, lorsqu'ils auraient à trembler de le voir retomber en peu de temps au-dessous, par les soins d'une administration perpétuellement en garde, et dont l'intérêt serait de prévenir le renchérissement des blés ?

Le commerce, dans les temps de calamité, est chargé de réparer les maux que la trop grande exportation ou les mauvaises années penvent faire naître; c'est à ses soins qu'on abandonne l'existence des hommes : quelle erreur ! Comme s'il n'était pas démontré que, se dévouant à ce travail, il doit chercher à en tirer tout le bénéfice possible. Ce n'est que quand le mal est monté à l'excès, que le Gouvernement reprend les rênes qu'il abandonne encore quand le danger est passé; mais qu'il lui en coûte cher pour parer aux désastres qu'il aurait pu prévenir!

Mille citoyens, lorsque les blés sont recherchés, s'empressent de profiter du malheur qui se présente; leurs seules clameurs suffisent pour faire monter cette denrée; elles sont reçues avec avidité par les cultivateurs qui leur servent d'écho, et voilà le public persuadé du danger qui le menace, sans toutes fois que le mal soit réel.

Le Gouvernement, trompé par les informations qu'on lui donne, et dont on croit capter la bienveillance en lui dissimulant l'étendue du mal, vit dans la sécurité; le danger s'accroit sans qu'il ait songé à y parer, parce qu'il s'imagine, et qu'on lui a persuadé qu'il était de l'intérêt du commerce d'importer les grains dont on a besoin: ses yeux s'ouvrent enfin, mais le peupe a déjà beaucoup souffert quand il entreprend d'adoucir ses malheurs.

Quelle différence, si l'État veillait lui-même à de tels intérêts! Quel effet ces clameurs intéressées pourraient-elles faire sur le peuple? Comment faire pour persuader au public que les grains doivent renchérir, avec des magasins préparés pour sa subsistance, avec une exportation fermée au moment qui exige qu'elle le soit; enfin avec une importation ouverte et qui ne peut manquer, par rapport aux précautions que l'on aurait prises. Tout dirait aux citoyens d'être tranquilles sur leur sort, et forcerait les propriétaires et les marchands à vendre.

Il faudrait, pour faire renchérir les grains en pareille circonstance, qu'il fût clairement prouvé qu'il n'y aurait pas assez de blés pour la quantité d'hommes existans ; (ce qui ne s'est jamais vu) car s'il était démontré qu'il y en eût seulement assez pour suffire au plus strict nécessaire, et que les précautions prises en seraient le superflu, cette idée suffirait seule pour empêcher la renchère. Tout gît dans l'opinion ; la crainte de ne pas vendre, ou de vendre à un prix inférieur à celui que l'État aurait voulu fixer pour le bonheur de l'agriculture, ferait garnir les marchés et écarterait la disette.

De toutes les manières de soulager les besoins du peuple, si, par impossible, les magasins ne devaient pas suffire à sa subsistance, c'est à ses Ambassadeurs, à ses Envoyés dans les Cours étrangères; que la France doit avoir recours. La permission d'exporter des grains de l'étranger, une fois obtenue, tous les malheurs sont réparés; toutes les Provinces de cette Monarchie peuvent être secourues au même moment, sans que, pour ainsi dire, son peuple s'en aperçoive; parce que les magasins publics se trouvant toujours remplis, et la possibilité de les renouveler existant toujours, la disette n'est plus à craindre.

Les communications de magasins à magasins, une fois établies, à peine s'apercevrait-on de la disette d'une Province par la facilité pour la secourir de proche en proche. Si c'est une Province centrale, tous les magasins qui l'entoureront, mis à contribution, le peuple ignorerait jusqu'au danger qu'il aurait couru. Si elle est maritime, la chose est encore plus facile, le centre et l'étranger peuvent en peu de jours y ramener l'abondance. Et ce qui est le plus à considérer, c'est le silence si nécessaire dans ces fâcheux momens, afin de ne pas alarmer le peuple, ni réveiller l'intérêt toujours aux aguets pour saisir l'instant. La possibilité des secours, bien prouvée, vaudrait seule la plus abondante récolte, par la force de l'opinion qui, dans ce cas; plus qu'en tout autre, grossit les objets au point de les rendre méconnaissables.

Le Parlement de Bretagne, dont on a cité l'Arrêt, ordonna en 1770 un emprunt de 90,000 liv. pour être employé en achats de grains de l'étranger. Cette respectable Compagnie n'ignorait pas que les blés qui auraient été donnés en échange de cette somme n'auraient pu suffire aux besoins de toute une Province, si une véritable disette avait été la cause du renchérissement : mais, guidée par une politique éclairée, elle ne se dissimula point que la vraie raison du prix excessif ne provenait que de l'opinion des propriétaires; et que pour la faire cesser, il suffisait de leur prouver qu'il était des blés à meilleur marché que les leurs. Le Parlement tenta cette ressource, il réussit, l'abondance remplaça la disette. Cette preuve est sans réplique.

Il suffisait, pour déterminer les propriétaires à ouvrir leurs greniers, qu'ils pussent sentir que les blés de l'étranger étant vendus, les 90,000 liv. rentraient, et pouvaient être employés aussi long-temps qu'ils auraient voulu s'acharner à tenir le haut prix des grains. Cette manière de rappeller les possesseurs des denrées à des principes d'équité naturelle, était la plus simple et la plus conforme au bon ordre. Le mal ne se serait point fait sentir, si des magasins publics avaient été établis. La crainte de les voir s'ouvrir aurait contenu les cultivateurs, et les fastes de la Nation auraient une disette de moins à transmettre à la postérité.

N'est-il pas assez démontré qu'il ne peut y avoir que le Gouvernement qui puisse se charger d'entretenir l'abondance, parce qu'il n'est que lui qui peut voir l'ensemble des besoins de l'État. Il ne suffit pas que le commerce puisse importer des grains dans quelques Villes maritimes, il faut les faire pénétrer dans les Villes intérieures, sans éclat, sans bruit, et pour le faire avec succès, il faut des magasins préparés pour les recevoir, de même que pour les exporter.

Enfin, il n'est point de milieu entre ces deux extrêmes ; ou laisser, à toute l'étendue du hasard, l'existence du peuple, ou prévenir les dangers de la disette et de l'abondance par la loi la plus simple et la plus sûre.

CONCLUSION.

J'ai donc eu bien raison de dire que c'est à tort que les hommes accusent l'Être-Suprême d'être le dispensateur des maux auxquels ils sont en proie. Il est encore bien constant qu'ils jouiraient de la portion de bonheur qui leur est nécessaire, si leurs lois étaient prises dans la nature et dictées par la raison.

L'indigence, ou, ce qui est la même chose, le défaut de moyens pour s'y soustraire ; la disette des grains, ou l'abondance aussi nuisible aux Gouvernemens agricoles. Voilà les maux contre lesquels les lois n'ont point encore su élever de barrières pour en défendre l'homme civilisé.

Les longs et douloureux gémissemens de l'indigence n'attestent-ils pas que tout ce que l'on a fait jusqu'à présent a été impuissant pour l'écarter, puisque, loin de s'affaiblir, elle augmente chaque jour. De quel secours peuvent être ces établissemens arrachés à la pitié publique ? Quelqu'utiles qu'ils soient, quelqu'honneur qu'ils fassent aux Nations qui les ont élevés, ils ne peuvent remplir les vues de ceux qui les ont sollicités. Des Villes entières, et le revenu d'une partie des terres, suffiraient à peine pour secourir l'humanité souffrante, tant il est vrai que les maux sont partout montés à l'excès.

En vain importune-t-on, au nom de la misère, la bienfaisance et la charité de ceux que la fortune caresse ; leur réponse est prête : c'est à l'État d'y veiller, ou du moins de donner les moyens de pratiquer ces vertus avec fruit.

S'il était possible d'arriver au point de persuader aux hommes que ce qui est au delà du nécessaire, ce qu'on nomme superflu (1), doit être mis en commun pour être distribué à la mendicité, les classes du peuple, qui vivent journellement de ces superfluités, ne tarderaient pas à augmenter le nombre de ceux pour qui on s'en serait privé. Ce seroit donc ne rien faire, ou plutôt accroître le mal et le nombre des malheureux.

C'est ainsi que les meilleures choses ont leurs défauts quand elles ne sont pas scrupuleusement d'accord avec les intérêts de tous les hommes et de la société.

Il est donc à la charge de l'État de veiller sur l'indigence, puisque tous les efforts des citoyens sont impuissans pour la détruire, mais comme il n'a rien de lui-même, qu'il n'est riche que de la richesse de ses sujets, ses soins seront remplis lorsque le public, avec un travail modéré, pourra trouver son existence et la facilité de placer ses épargnes à un très-haut intérêt.

C'est à la douce influence de cette loi que l'on verrait la bienfaisante charité seconder avec fruit les efforts de l'amour paternel. C'est à la certitude de faire des heureux, sans avoir à recommencer chaque jour, que l'on devra le développement des vertus sociales, que le système présent étouffe dès leur naissance.

Ne saura-t-on jamais allier les vertus avec l'intérêt ? Rejettera-t-on toujours les vérités nécessaires, pour n'adopter que des palliatifs inutiles ? N'opposera-t-on jamais à la misère que de futils propos, lorsqu'il serait si facile de lui opposer des choses ?

---

(1) J'avoue que je n'entends point ce mot, si on l'adapte a tout. Je ne connais de superflu que pour l'avare qui prive là société, pour un temps quelconque, des richesses qu'il entasse, et qui, répandues dans les différentes classes de ceux qui travaillent pour le luxe ou autrement, serviraient à l'existence des enfans qu'ils donnent à l'État. Voilà, en quelque sorte, un crime contre la société, mais heureusement il est rare.

Il en est de même pour les grains : on se plaint de la dureté des possesseurs des denrées, de leur peu d'humanité. Avant de vouloir les assujettir à ne recevoir qu'un juste prix des vrais biens qu'ils possèdent, il faudrait adopter un plan qui, balançant avec sagesse les intérêts d'un chacun, ne laisserait à l'homme sans pitié aucun moyen de s'enrichir du travail des malheureux, sans cependant avoir à le punir, ni qu'il pût se plaindre. Ou je me trompe grossièrement, ou ces lois seraient plus utiles pour réformer les hommes ou les rendre plus humains, plus compatissans, que ne peuvent être d'inutiles leçons que leur intérêt leur fait bientôt oublier.

Quel plus étonnant délire que de crier sans cesse contre l'injustice des hommes, au lieu de chercher les moyens qui pourraient, avec succès, les rappeller à des principes d'équité.

Mais il est des choses plus surprenantes : qui est-ce qui croira que ces utiles secours pour l'humanité, decouverts et enfin donnés, on serait sourd à ces connaissances, et qu'une froide indifférence serait la récompense de ce travail ? il faut l'avoir vu pour qu'il soit possible de se le persuader.

Cependant le bonheur et la conservation de l'homme dépendent autant de ces vérités, que le physique du globe dépend de l'harmonie des élémens; et de même que la Providence veille pour le maintien de l'ordre qu'elle a établi, ainsi l'administration doit veiller également pour le bonheur de la société ; mais qu'il s'en faut que le monde moral soit gouverné par les mêmes principes que le monde physique !

Si, jusqu'à présent, nous n'avons point joui de tout le bonheur dont il était possible que le monde pût jouir, convenons aussi que nos maux n'ont point été portés au dernier terme, et qu'une Providence inexplicable, mais qui se découvre visiblement dans les connaissances que nous acquérons chaque jour, a sauvé et sauvera la Monarchie des malheurs qui auraient dû et devraient l'anéantir un jour.

Une exportation pleine et entière est ouverte en 1764; les avant-coureurs de la disette se font sentir dès 1767, et peut-être ne pourrait-on point donner d'idée juste des maux qui s'en seraient suivis, si, contre le vœu de la Nation, la sagesse du Monarque n'avait pas fixé un taux à cette exportation. Sans ce mot qni tempérait cette permission illimitée, c'en était fait de la France; la moitié des hommes qui la composent, dont l'indigence est le partage, aurait fini faute de subsistance.

De quels termes se servir pour exprimer la grandeur de ce bienfait, qui, aux yeux du vulgaire, n'est qu'un acte ordinaire, mais dans lequel l'homme sensé et réfléchi voit le salut de plusieurs millions d'hommes.

Serait-il possible d'oublier le service que la Magistrature rendit à la Nation, en déposant aux pieds du trône les gémissemens du peuple, qui furent la suite de cette exportation tant désirée.

Si de tels bienfaits, que l'on ne peut apprécier, ne trouvent pas leur récompense au fond de nos cœurs, ah ! que ceux qui gouvernent ou qui partagent le poids de l'administration sont à plaindre, lorsqu'ils se sont donnés tous les soins possibles pour faire le bien.

C'est pour vous, hommes élevés à ce haut rang, que j'ai écrit, parceque vous renfermez en vous tous les intérêts de la cause que je viens de discuter. Si le peuple vient à souffrir par la disette, c'est à vous qu'il s'en prendra : tous ses regards sont attachés sur vous; et, dans un moment de calamité, vous seriez les premières victimes.

C'est aussi votre interêt particulier que j'ai soutenu, puisque, faisant partie des grands propriétaires, vos domaines auraient une valeur bien plus certaine que celle que vous pouvez leur donner aujourd'hui. Je ne parle point de ce grand intérêt qui doit vous faire mouvoir, le bien public; il faut croire qu'il est toujours présent à vos yeux; mais n'oubliez pas ce que l'on dit des Sully et des Colbert, et combien il est beau de passer à la postérité avec des titres de bienfaisance publique et de services rendus à la patrie.

Je n'ai point cru devoir analyser tous les avantages de ce plan, d'après ce principe reçu, qu'il ne faut pas tout dire (1), qu'il faut même laisser l'esprit du Lecteur s'exercer sur la matière dont il vient de s'occuper. Si cette raison ne m'avait pas paru devoir l'emporter sur l'intérêt qne tout Auteur doit avoir à prouver une vérité qu'il annonce, j'aurais fait voir de quelle utilité pourraient être des approvisionnemens faits par le Gouvernement pour la nourriture des soldats, en temps de paix, et bien plus encore pendant la guerre. Quel avantage la Marine pourrait retirer de la facilité qu'aurait l'État de faire préparer des farines pour son service? Combien il serait peu difficile de faire cet essai dans une Province, ou maritime ou centrale, afin de se convaincre, par l'expérience, du bien et des avantages que ce plan y produirait, mais, au surplus à quoi bon accumuler preuve sur preuve; lorsque, quelques recherches que l'on fasse, il n'est pas possible de trouver une objection raisonnable à présenter contre une vérité qui se démontre d'elle-même.

---

(1) Je n'ai certainement pas dit tout ce que j'aurais à dire; et pour en donner une preuve, je me suis tû sur la nécessité qu'il y aurait d'instruire les citoyens de tous les ordres, les villes et les campagnes, de la facile possiblité de parer à la disette ou à l'abondance. Il serait à désirer, pour la tranquillité du Gouvernement, que cette vérité fut aussi publique que ses volontés. L'utilité dont cette seule idée serait pour arrêter le monopole et encourager l'agriculture, prouverait bientôt la grandeur du service, dont il faut laisser les hommes justes et éclairés apprécier la valeur.

PIÈCES ET DOCUMENS

TIRÉS DE L'OUVRAGE DE M. LABOULINIÈRE.

PREMIER DOCUMENT.

« Avant le seizième siècle, notre législation ne contient aucun réglement sur les grains ; jusques-là on remarque seulement, à des distances plus ou moins éloignées, des dispositions isolées, mais qui ne supposent aucun système suivi. Observons cependant que Charlemagne, qui, en tant de choses, a devancé son siècle, nous fournit sur cette matière les premières dispositions qu'une bonne police devait adopter. Dans ces Capitulaires, il défendit d'*arrher les blés en verd ou avant la récolte*, etc. etc. Ces défenses depuis furent répétées dans une foule d'ordonnances, d'édits ou de lettres patentes de nos Rois.

» Les plus importantes de ces dispositions furent rendues sous :

Charlemagne, en 806-809.

Saint-Louis, en 1254-1259 ;

Philippe IV, dit *le Bel*, en 1305 ;

Le Roi Jean, en janvier 1350, dans son réglement de police, qui est le plus important depuis celui qui avoit été fait par saint Louis, en 1254 ;

Charles VI, février 1415 ;

Charles VII, septembre 1439-1455 ;

Louis XI, 1462 ;

Louis XII, juillet 1482 ;

François Ier, 1539 et novembre 1544 ;

Charles IX, 4 février 1567, dans son réglement général

sur la police du royaume. (Il y est défendu aux fermiers de garder le blé de leur crû plus de deux ans, sous peine de confiscation et de 100 livres *parisis* d'amende. 3 et 4.)

Henry III, 21 novembre 1577, il reproduisait les dispositions consacrées par Charles IX;

Louis XIII, janvier 1629, etc. »

(Essai sur la législation des grains, par M. le chevalier Chaillou Desbarres, p. 5. Paris, 1820.)

» De 1677 à 1682, on voit que la législation prend quelque chose de cette flexibilité qui lui permet d'étudier et de suivre les besoins des peuples, l'abondance ou la médiocrité des récoltes : une province a-t-elle été mieux traitée par la nature que telle autre, l'exportation n'est autorisée que pour celle où l'abondance existe; tandis que, dans la contrée où le grain conserve un prix plus élevé, elle est différée; mais de mauvaises récoltes arrivent, et bientôt une législation tranchante, la prohibition de toute exportation, les dispositions réglementaires les plus minutieuses décéleront les embarras du Gouvernement. Colbert n'existait plus. Le 13 septembre 1692, une première ordonnance défendit la sortie par mer de toute espèce de grains du royaume pour être transportés dans les pays étrangers. Le 16 mai de l'année suivante, les inquiétudes se sont accrues, et un arrêt du conseil *ordonna la visite des blés dans les magasins des villes et autres lieux du royaume.*

» Le 12 septembre 1693, un arrêt du conseil du Roi enjoignait *aux marchands, laboureurs, fermiers, autres particuliers, et aux communautés de vendre leurs blés avant le 1er décembre même année, en ne se réservant pas au-delà de ce qui était nécessaire pour leurs provisions pendant six mois, et cela sous peine de confiscation desdits blés au profit des pauvres.* Le même arrêt contenait la défense *à toute personne de s'attrouper et d'empêcher la liberté du commerce, transport et passage des grains, sous peine de la vie.*

» Nous remarquerons que c'est précisément un siècle plus tard; en 1793, que la Convention promulguait des décrets qui empruntèrent plus d'une de leurs dispositions aux ordonnances que rendit Louis XIV en 1693 et l'année suivante.

» Une déclaration du 22 juin 1694, en renouvelant la défense à tous marchands, ainsi qu'à tous autres particuliers, *de faire aucuns achats, marchés ou harremens de grains en verd, sur pied et avant la récolte, sous peine de confiscation desdits grains, de leur prix, de 1,000 fr. d'amende, et même de punitions corporelles en cas de récidive*, consacra de nouveau une disposition utile, et qui a survécu aux circonstances qui la dictèrent.

» L'arrêt du conseil du 13 octobre 1693, après avoir prescritd'abord à tous propriétaires et fermiers d'ensemencer leurs terres, déclarait qu'à défaut par eux de le faire, toutes sortes de personnes pouvaient cultiver et semer lesdites terres, leur donnant l'assurance qu'elles récolteraient paisiblement et sans même être obligées d'en remettre aucune portion quelconque aux propriétaires ou détenteurs de ces terres, non plus que de payer à cette occasion *aucune rente ni redevance aux seigneurs en la censive desquels elles étaient* (1).

» Le 22 décembre 1698 vit publier une déclaration portant *peine de mort* contre ceux qui feraient sortir des grains du royaume.

---

(1) Une loi de l'empereur *Pertinax* statue que les terres laissées incultes appartiendront au premier qui les cultivera ; Aurelius, Constantin et Valentinien ont rendu des lois analogues dans le même but. Un édit de novembre 1687 fit céder en Alsace le droit de propriété en faveur des défrichemens, et nulle part l'agriculture n'a prospéré davantage. (Memoire de M. Paris, note 7.)

» Le 31 août 1699, i tervint une déclaration devenue fort importante en ce qu'elle renferme les principes qui ont réglé le commerce des blés jusqu'au jour où parut la célèbre déclaration de Louis XV, de 1763.

» Par l'article Ier, il est défendu à toutes personnes, de quelque qualité qu'elles soient, de faire à l'avenir *trafic et marchandise de blés*, pour les acheter, vendre et revendre dans l'intérieur du royaume, qu'après en avoir demandé et obtenu la permission des officiers des justices ordinaires, (avec formalités) sous peine de confiscation des grains à eux appartenant; 500 livres d'amende, et d'être déclarés incapables de faire le trafic des grains.

» L'article 3 veut que, *si ceux qui auront obtenu la permission demeurent dans des villes et lieux où les officiers des sieurs hauts justiciers, les maires, échevins, consuls et autres que les juges ordinaires de Roi, ayant l'exercice de la police, ils soient tenus de se rendre aux greffes de ces jurisdictions, et d'y faire enregistrer les permissions avant de pouvoir faire le trafic et marchandise de blés.*

» L'article 8 défend toute association entre des marchands de grains; à la vérité, le suivant leur permet d'en former avec d'autres individus, en se soumettant aux formalités.

» Dans cette ordonnance, qui rappelait d'anciennes dispositions et en introduisait de nouvelles, on eut encore le tort de ne pas s'expliquer sur le maintien du principe de la circulation intérieure.

» En 1709, où le royaume fut en proie à la famine, Louis XIV et son conseil empruntèrent aux deux époques de son règne que nous avons signalées, la plupart des mesures qui l'aidèrent, lui et son peuple, à sortir de si cruelles épreuves. (1).

---

(1) « Dans cette cruelle année, le setier de blé froment, pesant deux cent quarante livres, valut jusqu'à 69 fr. de notre monnaie actuelle. »

Mais le retour à des principes plus féconds en bons résultats l'amena à déclarer, par des arrêts du conseil des 27 août et 21 septembre, *que le libre commerce des grains, farines, etc., est autorisé entre toutes les villes et provinces du royaume, avec décharge de toutes les formalités précédemment prescrites.*

» La déclaration d'avril 1719, en empruntant l'esprit de celle d'août 1699, voulut de plus *que les blés, farines, ne pussent être vendus, achetés ni mesurés ailleurs que dans les halles et marchés, ou sur les ports des villes, bourgs,* etc.

» Un arrêt du conseil, du 10 novembre 1739, *défendit aux villes, communautés, seigneurs, ecclésiastiques ou laïques, et à toutes autres personnes sans exception, de percevoir aucun droit quelconque sur les blés, farines*, etc.

» Mais sous le prétexte d'expliquer l'arrêt ci-dessus, un autre arrêt de 1740, déclara *que les droits de poids, mesures, octrois, foires et marchés, et autres de pareille nature*, n'étaient pas compris parmi ceux dont le souverain avait entendu exempter les grains. Il ne dût rien rester des dispositions bienveillantes de l'arrêt du 10 novembre 1739.

» La déclaration du 25 mai 1763 fût le premier triomphe des doctrines professées par les économistes; et l'édit de juillet donné à Compiègne en 1764, fut un développement plus complet du système de liberté dans le commerce des grains. Il y eût en 1769 mauvaise récolte et cherté; en 1770, récolte médiocre et cherté encore : c'en fût assez pour faire dévier le conseil de Louis XV des principes proclamés en 1763 et 1764. L'édit de juillet, qui devait être *irrévocable*, fut comme non avenu.

» Des lettres patentes de 1771 renouvelèrent encore les dispositions de la déclaration d'août 1699. Du reste, on eût grand soin de déclarer que la libre circulation des grains, de province à province, était maintenue et restait entière. » (Essai sur la législation des grains, p. 17-43.)

» Le 2 novembre 1774 parurent des lettres patentes conformes à l'arrêt du 13 septembre précédent, qui faisait revivre les déclaration et édit de 1763 et 1764. Plusieurs arrêts successifs, applicables à différentes localités et rendus dans le cours de 1775, réprimèrent des entraves à la liberté du commerce, telles que visites de magasins, suspensions de vente, ajournèrent la perception des droits sur les grains et les farines, tant à l'entrée des villes que sur les marchés; ceux de minage, ceux d'octroi, et toute rétribution quelconque. L'arrêt du 24 avril accorda des gratifications à ceux qui faisaient venir des grains de l'étranger, et celui du 8 mai à ceux qui en procureraient aux provinces du Nord, celui de juin supprima les cent offices de marchands de grains privilégiés, créés à Rouen par un édit de novembre 1692, celui du 13 août prescrivit l'examen des titres, soit seigneuriaux, soit particuliers, soit communaux, des droits perçus sur les grains, pour supprimer ceux qui ne seraient pas fondés, et indemniser les propriétaires pour les autres; celui du 22 octobre permit l'envoi des grains d'un port du royaume à l'autre sur acquit à caution; en cas de soustraction d'un vingtième, au lieu de la confiscation et de l'amende, on exigea sous un court délai, l'importation du quadruple de grains étrangers.

» Enfin, une déclaration spéciale de Sa Majesté, donnée à Versailles le 5 février 1776 abrogea toutes les dispositions qui compliquaient ou même compromettaient l'approvisionnement de la capitale.

» La déclaration du 10 février, des lettres patentes du 25 mai et une autre déclaration de septembre 1776, accordèrent l'exportation des grains d'après les règles de l'édit de juillet 1764;

la sortie des blés à l'étranger avait lieu ou était suspendue d'elle-même, suivant que le prix des blés se tenait au-dessus ou au-dessous de 12 liv. 10 s. le quintal.

» En 1787, une des premières opérations de l'Assemblée des notables fut de s'occuper du commerce des grains; le ministre présenta aux notables un Mémoire qui contient en peu de mots tout ce qui a été dit de mieux sur cette matière. En conséquence, la déclaration du 17 juin 1787 consacra *que la liberté du commerce des grains devait être regardée comme l'état habituel et ordinaire du royaume.* L'exportation ne devait être suspendue que d'après des défenses locales, reconnues nécessaires et réclamées, soit par quelques-uns des États, soit par quelques unes des assemblées provinciales qui venaient d'être établies. Ces défenses ne pouvaient être portées plus d'un an, sauf à les renouveler si la continuation des besoins reconnus par les mêmes provinces l'exigeait.

» En septembre 1788, il fallut suspendre le transport des grains au dehors, et la cherté de 1789 fit recourir à de fortes importations; on porte à une somme de 74 millions les blés ou les farines procurés de l'étranger par le ministre Necker qui employa l'appat des primes. Un arrêt du conseil du 23 avril prescrivit des mesures gênantes et vexatoires au-dedans; et, au 5 novembre le Roi continua *le paiement des mêmes primes à tous les négocians français et étrangers qui, du* 1er *décembre* 1789 *au* 1er *juillet* 1790, *introduiraient des grains et farines, venant des ports de l'Europe ou de ceux des États-Unis d'Amérique.* » (Essai sur la législation des grains.)

» La loi du 2 octobre 1791, rendue par l'Assemblée constituante, et la proclamation du Roi du 27 novembre suivant, auraient suffi dans des temps ordinaires pour établir la circulation des subsistances; mais, durant tout le cours de 1792, il fallut s'efforcer de réprimer les désordres et les violences du peuple dans les marchés sur divers points. L'assemblée législative, avant de se séparer, proclama dans le préambule d'une loi du 16 septembre le retour de l'abondance, et attribuait toutes les inquiétudes du peuple à la malveillance et à l'*incivisme*. Les meilleurs principes dictèrent une proclamation du conseil exécutif, sous la date du 31 octobre; et la Convention, par son décret du 30 novembre, flétrissait la conduite de ceux de ses commissaires *qui avaient eu la faiblesse de souscrire, plutôt que de mourir, l'acte qui leur avait été présenté, portant taxes de grains, denrées et autres objets.*

» Mais, dès le 4 mai 1793, un décret ordonna des déclarations, des recensemens, et indiqua les bases à prendre pour déterminer le *maximum* du prix des grains; les municipalités pouvaient faire battre d'office les blés. Bientôt elle rendit le funeste décret contre les accapareurs, croyant par là, maintenir le prix du pain à un prix très-peu élevé dans l'intérêt du peuple, et ne faisant qu'augmenter les embarras, résultat inévitable de la lutte qu'elle élevait entre les possesseurs de grains et les prolétaires. C'est dans ce même but, et avec aussi peu de succès, qu'un autre décret du 9 août 1793 créa des greniers d'abondance dans tous les districts, et ordonna aussi la construction de fours puplics dans chaque section de ville. Il fut permis aux citoyens d'acquitter leurs contributions arriérées en grains.

» Le 11 septembre parut le fameux décret qui fixa un *maximum au prix des grains, farines et fourrages, et prononça de nouvelles peines contre l'exportation*. Et le 2 octobre, un autre décret comprit tous les comestibles. Une prime était offerte à la délation, et la Convention, pour comble de précautions infamantes, étendait aux administrations le système de rigueur qu'elle suivait envers les citoyens.

» Une loi du 9 novembre 1794 (19 brumaire an III) donna une nouvelle vie au *maximum* du prix de chaque espèce de grains, farines, etc. etc. Il devait être fixé dans chaque district sur le prix commun de 1790, augmenté de deux tiers en sus. La dépréciation du papier-monnaie avait amené cette disposition qui ne remédia à rien.

» Un troisième recensement général fut ordonné par la loi du 21 mai 1795 (2 prairial an III). Ou réservait dans chaque commune, examen fait *des farines, grains et gerbes non battus*, la quantité présumée nécessaire pour nourrir la commune jusqu'à la récolte, et le surplus était affecté à l'approvisionnement de Paris et des armées.

» Sous le Directoire, on revint à des principes plus sages; et une loi du 9 juin 1797 (21 prairial an V) abrogea les funestes dispositions rapportées plus haut. Elle rétablit la libre circulation des grains dans l'intérieur, en prononçant des peines sévères contre tous ceux qui l'entravaient; le commerce fut affranchi de toutes formalités hors la patente; chacun put s'approvisionner librement aux marchés ou ailleurs.

» En 1799, les idées justes prévalant, la bonté de la récolte précédente fit permettre l'exportation.

» Sous le gouvernement de Bonaparte, l'excédant des récoltes de 1802 et de 1803 détermina l'administration à favoriser l'écoulement; mais on délivra à quelques individus seulement des permis d'exporter une quantité déterminée de blé. Ce privilége eut de graves inconvéniens. La hausse fut insensible par le mode des achats, et les spéculateurs gagnant beaucoup, l'agriculture ne profita nullement de la mesure.

» Les décrets des 14 juin 1804 (25 prairial an XII), 4 novembre 1804 (13 brumaire an XIII), et 26 décembre 1804 (5 nivose an XIII), déclarèrent que l'exportation des grains de France était permise pour l'Espagne, le Portugal, la Hollande et l'Allemagne, par un nombre de ports qu'ils désignaient; cette exportation était soumise à l'acquit d'un droit de 2 fr. par quintal métrique de menus grains. Toute exportation devait cesser du moment où le prix du blé froment monterait à 20 fr. l'hectolitre pour les ports du Midi, et à 16 fr. pour les ports du Nord.

» En 1806, on porta les taux d'exportation à 24 fr. pour le froment, et à 16 fr. pour les menus grains; mais les droits progressifs qu'on établit pour la sortie la paralysèrent, tandis qu'on n'avait voulu que la modérer; il n'y avait plus d'avantage dès que l'hectolitre avait atteint 20 fr.

» En 1810, un renchérissement fit abandonner les principes législatifs de 1806. On y revint à la vérité, mais passagèrement, l'année suivante.

» En 1812, l'administration ayant conçu des craintes sérieuses par le renchérissement des grains, un décret du 4 mai, tout en prescrivant la libre circulation des grains, astreignait le commerce et le fermier à des déclarations et obligations d'approvisionner les marchés; et un second décret du 8 du même mois eut des conséquences encore plus funestes en établissant un *maximum* du prix des grains. C'était une atteinte au droit de propriété et un abus de la force; les Préfets établissaient la taxe; ceux qui le firent largement virent leurs départemens approvisionnés; les autres accrurent les privations locales. Sans l'approche de la récolte, on eût révoqué des décrets aussi funestes.» (Essai sur la législation des grains, p. 56-82.)

» Une ordonnance du 26 juillet 1814, qui permettait l'exportation provisoirement, annonçait la présentation prochaine aux Chambres d'une loi qui pût *concilier, autant que possible, les intérêts du consommateur avec ceux de l'agriculture, et établir sur des bases fixes le mode et les conditions auxquels il serait permis d'exporter les grains hors du royaume.*

» La loi du 2 décembre suivant eût pour objet de remplir ce but essentiel. Elle statua que *l'exportation des grains, farines et légumes*, serait permise, mais aux conditions et sous les réserves suivantes : Que les départemens frontières du royaume seraient divisés en trois classses : la première, embrassant *ceux où les grains sont habituellement plus chers que dans le reste du royaume, le prix de 23 fr. l'hectolitre y déterminerait l'exportation ;* la seconde, *ceux où ils se maintiennent à un prix moyen, le prix de 21 fr. y règle l'exportation ;* et la troisième, *ceux où ils sont ordinairement au prix moins élevé, le prix de 19 fr. y donne lieu à l'exportation.*

» Une ordonnance du 18 décembre détermina ce classement, et désigna les ports et bureaux par où s'effectuerait le transport des grains.

» Une ordonnance du 11 mars 1819 révoqua *celles qui avaient suspendu la perception des droits sur les grains, farines, etc. venant de l'étranger.* Ces droits étaient ceux de 50 c., établis par quintal métrique, par la loi du 28 avril 1816. L'acquittement de ces droits n'était pas susceptible d'arrêter l'importation. Aussi, depuis le mois d'octobre 1818 jusqu'au 30 avril 1819, est-il entré près de 700,000 hectolitres de blé dans les ports français, ce qui a avili les grains français et nui à l'agriculture.

» Ces considérations ont donné lieu à la loi du 16 juillet 1819, dans la vue d'assujétir à des droits d'entrée permanens les farines et les blés importés ; d'en graduer les prix en raison de la baisse du taux des grains, de manière à empêcher les introductions inutiles et conséquemment nuisibles ; de faire même cesser l'importation lorsque les grains indigènes sont à un certain prix. Tous les mois, un tableau régulateur du prix des grains doit être dressé par le ministre de l'intérieur pour chaque classe de département, conformément à la loi du 2 décembre 1814, dont celle-ci est le complément »

(Essai sur la législation des grains, p. 93.)

Ajoutons la loi, plus restrictive encore, du 4 juillet 1821.

SECOND DOCUMENT.

L'abondance des grains, et leur bas prix en 1814, fit rendre l'ordonnance du 26 juillet que confirma la loi du 2 décembre, suivie de la seconde ordonnance du 18 décembre. L'exportation permise ne devait être suspendue que lorsque le blé aurait atteint un *maximum* déterminé dans chaque département, La nullité du commerce intérieur des grains, et l'absence de tout système d'approvisionnement firent que les étrangers enlevèrent l'excédant de nos récoltes de 1813 et 1814 à un prix bien au-dessous du *maximum*. Il fut exporté en 1814 pour 53 millions de grains, ce qui suppose 2, 500,000 hectolitres à 21 fr., et bien d'avantage aux prix qui eurent lieu (1). Qu'on juge de ce que la France aurait perdu en 1816 (lorsqu'un million d'étrangers armés, le plus prodigue des consommateurs, eurent dévoré l'excédant de 1815), à racheter

---

(1) « Un décret de Bonaparte du 21 avril 1815 suspendit l'exportation ; et une ordonnance royale du 3 août suivant renouvela la défense d'exporter, quoique les prix fussent encore très-bas, surtout dans les régions occupées par les armées étrangères.

» Le cours moyen était :

» Régions du nord et de l'ouest.	15f	80c l'hect.
» Région du centre.	16	62
» Régions du sud et de l'est.	22	42
» Prix moyen de la France.	19	3

» L'effet nécessaire devait être de produire plus d'empressement dans les acheteurs, plus d'exigence dans les vendeurs, c'est à dire le renchérissement. » (Rapport de M. Beslay à la Chambre des Députés, séance du 20 mars 1820, p. 5.)

ces mêmes grains au taux de 63 fr. l'hectolitre, ainsi que lui sont revenus ses achats, frais compris.

Mais comme il est plus facile d'exporter que d'importer, on n'a pu recouvrer en temps utile l'équivalent de nos grains subitement enlevés, quelque chèrement qu'on les ait payés, ce n'est qu'aux dépens de notre existence, que nous avons diminué et allégé, en le prolongeant, le sacrifice que l'imprévoyance nous avait imposé.

Cette même imprévoyance obliga à prendre des mesures qui, elles-mêmes, ne furent pas sans inconvéniens.

L'ordonnance du 6 septembre 1815 créa une commission des subsistances, et lui conféra le mandat d'acheter en *régie et par marché* des subsistances pour l'approvisionnement de Paris et des départemens menacés de besoins. C'était mettre le Gouvernement en concurrence avec le commerce pour empêcher que celui-ci en abusât, et pour suppléer son insuffisance; mais cette concurrence subite, sans règle ni limites, était propre aussi à décourager les négocians, a diminuer considérablement, sinon empêcher toute entreprise de leur part, et à grossir outre mesure pour le ministère le poids des approvisionnemens devenu ainsi d'autant plus insupportable. C'est ce qui arriva, et tel sera toujours l'effet des mesures nouvelles et temporaires, et du défaut de fixité dans la législation sur le commerce des grains, qui devrait être également applicable dans l'intérêt respectif des producteurs et des consommateurs, aux époques de disette et à celles de surabondance.

L'ordonnance du 7 août 1816 exempta de droits à l'entrée les grains et farines.

Celle du 11 novembre étendit cette exemption au pain, biscuit de mer et pommes de terre; une autre du même jour, aux fèves et autres légumes secs.

Celle du 22 accorda prime à l'importation des grains et farines.

Celle du 9 décembre exempta les riz de droits à l'entrée ; une seconde du même jour accorda prime à l'importation du maïs.

Celle du Ier février 1817 assimila les navires étrangers chargés de grains aux navires français, pour le droit de navigation.

Ces mesures successives furent commandées par une nécessité toujours croissante ; mais il est malheureusement vrai que ce furent autant de cris de détresse, qui l'accrurent d'une part, en cherchant de l'autre à la diminuer.

Voyons quels secours réels on tira de l'intervention du Gouvernement dans l'approvisionnement extraordinaire de la france

Les primes ont procuré, par la voie du commerce libre, 1, 200, 000 quintaux métriques de blés, le ministère a fait entrer 868, 797 hectolitres de froment, et 34, 393 sacs de farines, tirés principalement d'Odessa, de la Baltique et des États-Unis. Cette modique quantité a plus coûté d'achat, que n'avait produit une énorme exportation; elle n'aurait pas fourni à la nourriture de la France pendant une seule quinzaine, en supposant qu'il n'y eût pas d'avaries, et elles ont été considérables (1).

(1) « En évaluant l'hectolitre à 155 livres, et le sac de farine à 325, ces trois quantités forment un total de 385,841, 260 livres, qui, augmentées d'un trentième, si l'on veut, par la panification, ne représentent pas tout-à-fait la nourriture d'une population de 28 millions pendant quatorze jours et demi, à raison d'une livre de pain par chaque individu de tout sexe et de tout âge. »

(M. de Lastours, projet contre la disette des grains.) Le tiers environ de ce qui a été attiré par les primes, beaucoup trop prolongées, n'est arrivé que l'année suivante, lorsque les prix étaient retombés au taux ordinaire. La quantité utile équivaut à peine à la consommation de dix jours.

Pour faire des mélanges; bonifier et accroitre ce faible secours, on a acheté des blés et des farines dans quelques départemens où la récolte avait été bonne, ce qui a fait augmenter le prix des subsistances. Tous les achats du Gouvernement se sont élevés à 1, 460, 660 hectolitres; sur cette quantité la ville de Paris a absorbé 1, 017, 637 hectolitres. 443, 023 hectolitres ont été destinés à divers départemens (1).

D'après le compte rendu à la Chambre, session de 1817, les achats en grains se sont montés avec les assurances, le fret et les autres accessoires.

à	49,669,536f	83c
Les farines ont coûté	11,611,587	34
TOTAL des achats	61,281,124	17

L'opération entière, y compris les frais de manutention et de revente, coûtait 70 millions.

La perte a été ainsi présentée au budget de 1819.

Sur les achats	22,000,000f
Redu par Paris (qui avait payé 6 millions) . .	11,000,000
Par les départemens	7,000,000
Primes d'importation en 1817	5,705,000
Pertes sur les subsistances	2,200,000
Primes d'importation en 1818, jusqu'au 15 mai	4,505,000
TOTAL	52,410,000

D'après les supputations de M. Beslay, qui ajoute les frais des boulangers et ceux de soulagement donnés à la classe indigente, la famine de 1816 à 1817, qui s'est montrée si horrible dans quelques contrées de la France, a coûté aux contribuables 84,817,690 fr., sans compter la charge de Paris, savoir :

(1) Rapport au Roi, pag. 28.

Sur les grains. Loi du 27 juin 1819)	22,200,000 f.
L'indemnité aux boulangers de Paris. (Rapport du ministre page 46)	24,685,908
Primes d'importation. (État des douanes) .	10,209,243
Fonds affectés au soulagement de la classe indigente. (Rapport du ministre, du 1817)	24,660,643
Impositions communales extraordinaires pour secours et achats de grains. (Rapport sur les impositions communales, du 25 mai 1819.)	
En 1816 47,174	3,061,896
En 1817 3,014,722	
Total	84,817,690

Et aux consommateurs, en prix forcés sur la subsistance, peut-être plus de 800,000,000 (1).

La commission n'a contribué à l'approvisionnement national que dans les proportions suivantes : 250 millièmes sous le rapport du commerce extérieur.

50 . . . . de port à port.

1 et moins probablement . . . . intérieur (2).

Ainsi, faute des précautions nécessaires, il a fallu recourir aux achats extérieurs, toujours aussi vicieux qu'ils sont peu efficaces, et qui, dans cette circonstance, ont fait exporter

(1) (Rapport à la Chambre des Députés, séance du 20 mars 1820, note 4) « Chaque sou d'augmentation sur le prix de la livre de pain est une charge imposée au consommateur de plus d'un million par jour, et de plus de 383 millions par an. (*Ibid.*, pag. 53.) Mais il faut excepter la consommation des possesseurs de grain qui mangent leur propre denrée, et c'est beaucoup en France. On exagère toujours tout. La vérité est encore assez forte, comme leçon.

(2) *Ibid.*, pag. 12.

beaucoup de notre numéraire, tant en fonds d'achats qu'en primes, même après que les besoins étaient passés.

Il a fallu donner des primes aux boulangers de Paris, et les indemniser de leurs pertes, sous peine de compromettre grièvement la tranquillité publique; il a fallu recourir par nécessité à beaucoup d'expédiens illicites ou pernicieux, ou tellement onéreux que les calculs, comptes et renseignemens, qui ont été exposés en comité secret à la Chambre des Députés, n'auraient pu, sans beaucoup d'inconvéniens, être rendus publics. (1).

« Si l'on pouvait mettre en ligne de compte toutes les dépenses faites à l'occasion de la disette de 1817, tant par le Gouvernement que par les administrations et les diverses associations de bienfaisance, on arriverait à une somme de 100 millions, et cette somme serait plus que double si l'on ajoutait le montant de tous les sacrifices faits par le Roi, la famille royale et les particuliers ; et cependant la misère du peuple a été extrême et son mécontentement universel (2). »

Je vais rappeler ici, comme termes de comparaison, pour les dépenses du Trésor, les pertes essuyées pour approvisionnemens publics improvisés, aux deux époques antérieures de 1812 et de 1789.

À la première de ces époques, la récolte fut mauvaise; la cherté devint excessive; le setier de blé fut vendu dans plusieurs provinces jusqu'à 100 fr., et la misère fut très-grande. Les sacrifices, faits par le Gouvernement impérial; pour les subsistances, peuvent être évalués à 80 millions. Les mers à cette époque n'étaient pas libres, il fallut donc établir par terre le transport de grains, depuis Hambourg jusqu'à Paris, quand

(1) Paroles de M. Lainé, session de 1818.

(2) Projet contre la disette des grains, par M. de Lastours, p. 23

momentanément on put profiter des rivières, il y eut des frais de chargemens considérables (1). Des mesures de prévoyance à l'intérieur n'auraient pas été contrariées ainsi, et la denrée n'eût point manqué.

Les dépenses pour achats de grains, sous le ministère de M. Necker, en 1789, furent de 74 millions ; mais elles n'atteignirent cette somme, que parce que d'une part les convois, les magasins eux-mêmes furent pillés, et qu'enfin la ville de Paris, qui avait consommé la majeure partie des achats, n'a jamais rien payée (2).

L'Assemblée constituante en 1790 produisit dans ses comptes une dépense de 39,871,790 fr., pour frais de subsistances, déduction faite des recouvremens qui avaient eu lieu.

M. de Calonne, qui ne pouvait concevoir qu'une perte aussi énorme pût avoir été faite sur la différence seule entre le prix de la vente et celui de l'achat des grains, semble attribuer ce chapitre des charges aux dépenses secrètes de la révolution. Mais il suffit bien de la disette réelle ou apparente de 1789 pour causer une semblable perte en fausses et inutiles opérations; celles de 1817 expliquent parfaitement celles de 1789; et les mêmes raisons expliqueront les dépenses à venir à toute cherté, si l'on n'en vient à des mesures préservatives.

« M. Necker, instruit en septembre 1788 du mauvais état des récoltes, et craignant la disette à raison des exportations considérables, autorisées par son prédécesseur, chercha à prévenir ce fléau en faisant acheter, hors du royaume, *un million quatre cent quatre mille quatre cent soixante - trois quintaux marc* de grains de toute espèce qui coûtèrent 45 *millions* tournois. Cette précaution qui, en résultat, se ré-

---

(1) Mémoire de M. Chaillou des Barres, note de la pag. 81.

(2) *Ibid.*, note de la page 85.

duisait au strict nécessaire pour nourrir 26 millions d'habitans pendant cinq jours, à raison d'une livre par jour, eût pu avoir un but d'utilité, si elle avait été tenue secrète, et si on en avait usé avec prudence; mais elle perdit tout son effet par la publicité que lui donna le ministre.

» Par suite de cette publicité déplacée, le prix des grains augmenta, en moins de quinze jours, de 25 pour cent dans les marchés avoisinant Paris, malgré l'arrivage déjà effectué dans nos ports de plus de 800,000 *quintaux marc.* Le public, qui ne soupçonnait même pas la disette, la regarda de ce moment comme imminente; et chacun prit, suivant sa position, les mesures qu'il crut les plus propres, soit pour se mettre à l'abri de ce fléau, soit pour en tirer parti. Ainsi cet approvisionnement extraordinaire, qui avait pour but de prévenir la disette et ses effets désastreux, produisit par sa publicité tous les maux d'une disette réelle.

» Cet exemple, donné par M. Necker, a été malheureusement perdue de vue par ses successeurs qui se sont trouvés dans une situation à peu près semblable.................... »
(Opinion de M. le comte Dejean, pair de France, séance du 28 juin 1821.)

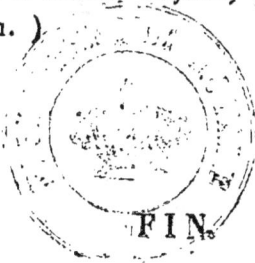

FIN.

TABLE DES CHAPITRES.

Fin de la Table.

ERRATA.

INTRODUCTION.

Page iv, *ligne* 4, *lisez* succédé, *au lieu de* succédées.
P. xij, *lig.* 7, *lisez* résultant.
P. xiij, *lig.* 6, *lisez* considérés.
Idem, *lig.* 18, *lisez* d'exécution.
P. xvj, *lig.* 9, *lisez* provenant.
P. xviij. *lig.* 3, *lisez* entrer.
P. xix, *lig.* 18, *lisez* projetées.
P xxij, *lig.* 18, *lisez* ajoute.
P. xxix, *lig.* 23, *lisez* ennobliraient.
P. xxx, *lig.* 5, *lisez* acquerrait.
P. xxxij, *lig.* 17, *lisez* paralyser.
Idem, *lig.* 27, *lisez* s'en, *au lieu de* sans.
P. xxxiv, *li* 15, *lisez* brûlées.
P. xlj, *lig.* 23, *lisez* résultant.
P. xliij, *lig.* 1.re *lisez* résultant.

CORPS DE L'OUVRAGE.

P. 27, *lig.* 23 *de la note* (2), *lisez* à l'envi, *au lieu de* à l'envie.
P. 32, *lig.* 19, *lisez* leur *au lieu de* leurs.
P. 33, *lig.* 5, *lisez* vus naître *au lieu de* vu naître.
P. 54, *lig.* 26, *lisez* Américains *au lieu de* Amériquains.
P. 61, *lig.* 15, *lisez* Tel est le fidèle *au lieu de* Telle est etc.
P. 70, *lig.* 9, *lisez* quelque fortunés *au lieu de* quelques
P. 107, *lig.* 20, *lisez* se sont donné *au lieu de* donnés.

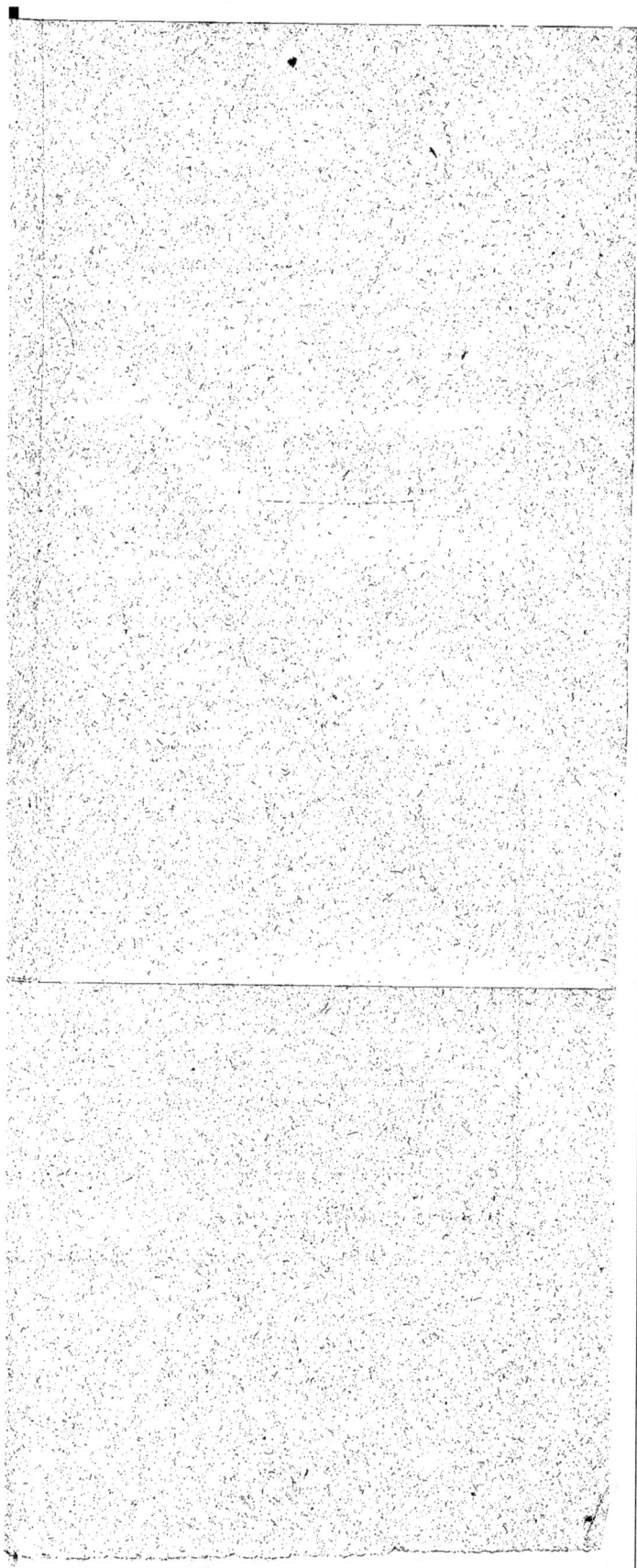

APERÇU

Des Matériaux nécessaires à la construction d'un bâtiment de cent-vingt pieds de longueur sur quatre-vingt de largeur, élevé sur des piliers de douze pieds de hauteur, devant contenir dix mille sacs de blé, pesant deux cent cinquante livres chaque, et formant cinq minots, mesure de Meaux, lesquels sacs sont sensés avoir quatre pieds de longueur, deux de largeur, et un de hauteur, et être placés par piles de dix, l'un sur l'autre, *Savoir :*

	DÉTAIL DES MATÉRIAUX.	NOMBRE DE PIÈCES DE BOIS RÉDUITES. *Pièces.*	*Pieds.*	*Pouces.*	PRIX.	
	PREMIER PLANCHER.				f.	c.
30	Poutres de 30 pieds de longueur, de 12 à 15 pouces d'équarrissage. .	375.	»	»		
40	Poteaux de 12 pieds de longueur, de 12 à 15 pouces d'équarrissage. .	200.	»	»		
14	Poutres à radiez, de 30 pieds de long. de 12 à 15 . id . . . . id.	175.	»	»		
960	Solives de 8 pieds de longueur, de 6 à 8 . id . . . . id.	853.	2	»		
	SECOND PLANCHER.					
240	Poteaux de 12 pieds de longueur, de 6 à 6 . id . . . . id.	240.	»	»		
30	Poutres de 30 pieds de longueur, de 10 à 12 pouces d'équarrissage. .	250.	»	»		
14	Poutres à radiez, de 30 pieds de long. de 10 à 12 . id . . . . id.	116.	4	»		
40	Poteaux de 12 pieds de longueur, de 10 à 12 . id . . . . id.	133.	2	»		
960	Solives de 8 pieds de longueur, de 5 à 6 . id . . . . id.	533.	2	»	34,733	50.
360	Pieds de Sablières, ... de 6 à 12 . id . . . . id.	60.	»	»		
240	Poteaux de 5 pieds de longueur, de 6 à 6 . id . . . . id.	99.	2	»		
124	Pieds d'Arêtier, de . . . . de 4 à 10 . id . . . . id.	21.	3	»		
30	Poutres de 30 pieds de longueur, de 8 à 10 . id . . . . id.	166.	4	»		
20	Contre-chevrons de 56 pieds de long, de 8 à 8 pouces d'équarrissage. .	165.	5	6		
10	Entraits de 30 pieds de longueur, de 8 à 9 . id . . . . id.	50.	»	»		
10	Poinçons de 15 pieds de longueur, de 8 à 9 . id . . . . id.	25.	»	»		
20	Liens de ferme de 6 pieds de long. de 6 à 6 . id . . . . id.	10.	»	»		
6	Semelles traînantes de croupes, de 30 pieds de long de 4 à 10 pouces d'équar.	16.	4	»		
324	Pannes de 10 pieds de longueur, de 8 à 8 . id . . . . id.	479.	5	8		
2280	Toises de chevrons à 6 toises par pièce	380.	»	»		
	TOTAL *des pièces de bois.*	4341. (1)	4.	2.		
24	Lucarnes à 40 francs l'une				960	»
387	Toises de couverture, à 400 tuiles par toise, donnent 154,800 tuiles, à 20 francs le mille				3096	»
130	Faîtières à 50 centimes l'une				65	»
160	Toises de cloison, (*maçonnerie*) à 10 francs l'une, matériaux compris, tels que plâtre, cloux et lattes.				1600	»
387	Toises de couverture, à 3 francs 50 centimes l'une, y compris cloux, lattes, etc				1354	50
188	Plates-bandes de fer à 4 pieds de long, sur 2 pieds de large et 8 lignes d'épaiss. pesant 470 k. à 1 f. le k. façonné				470	»
188	Boulons à écroux de 14 pouces de long et 12 lignes carrées, pesant 470 killogrammes, à un franc le kilogramme				470	»
	Il faudra 40 massifs; c'est-à-dire un sous chaque poteau de 3 pieds carrés sur 4 pieds de profondeur, bâtis en beaux moëllons et plâtre, qui produisent ensemble trois toises 12 pieds, à 60 francs la toise, fourniture de pierres, plâtre et fouille compris				200	»
	Total général de la dépense				42,949 f.	»

(1) *A 800 f. le 100 main-d'œuvre compris.*

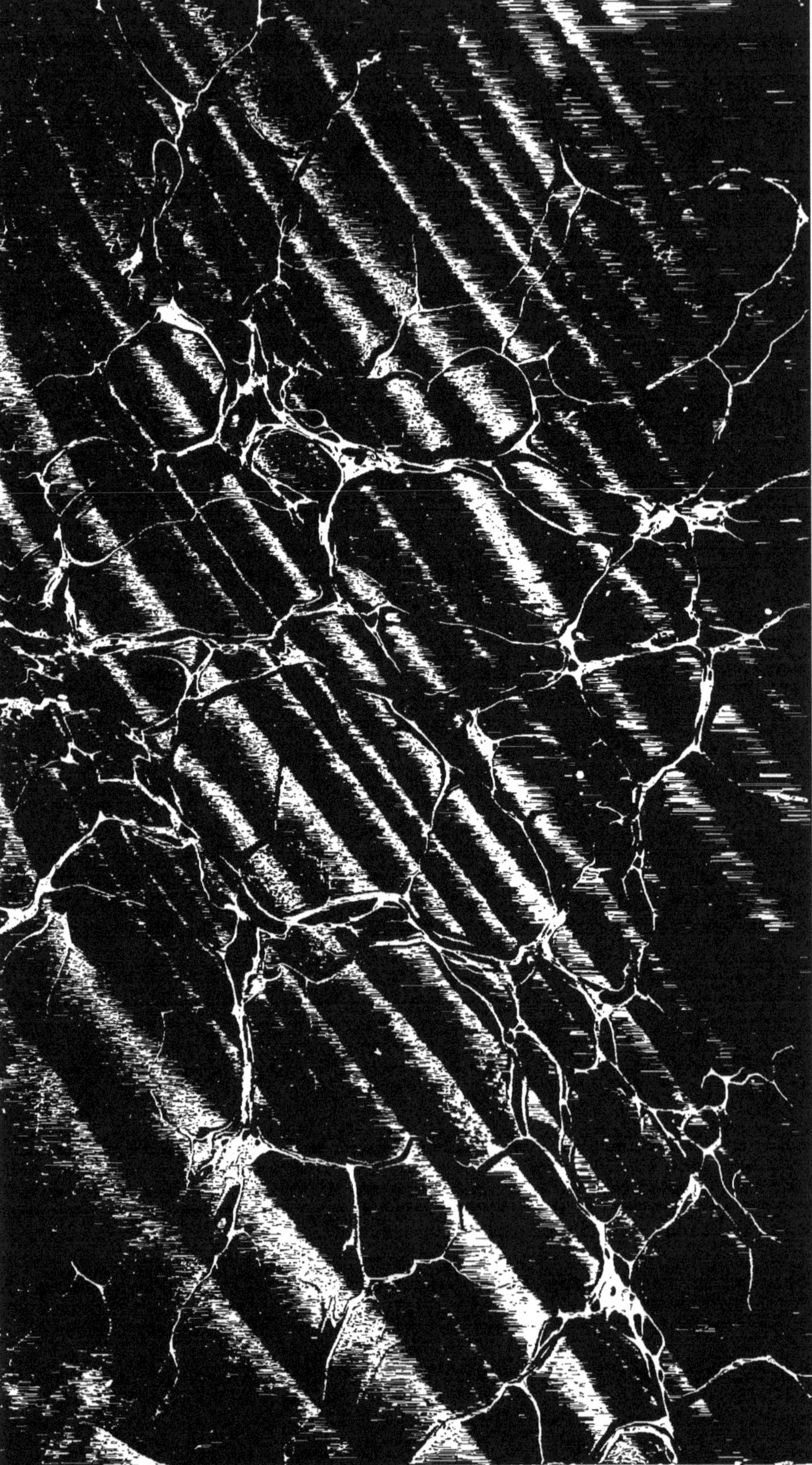

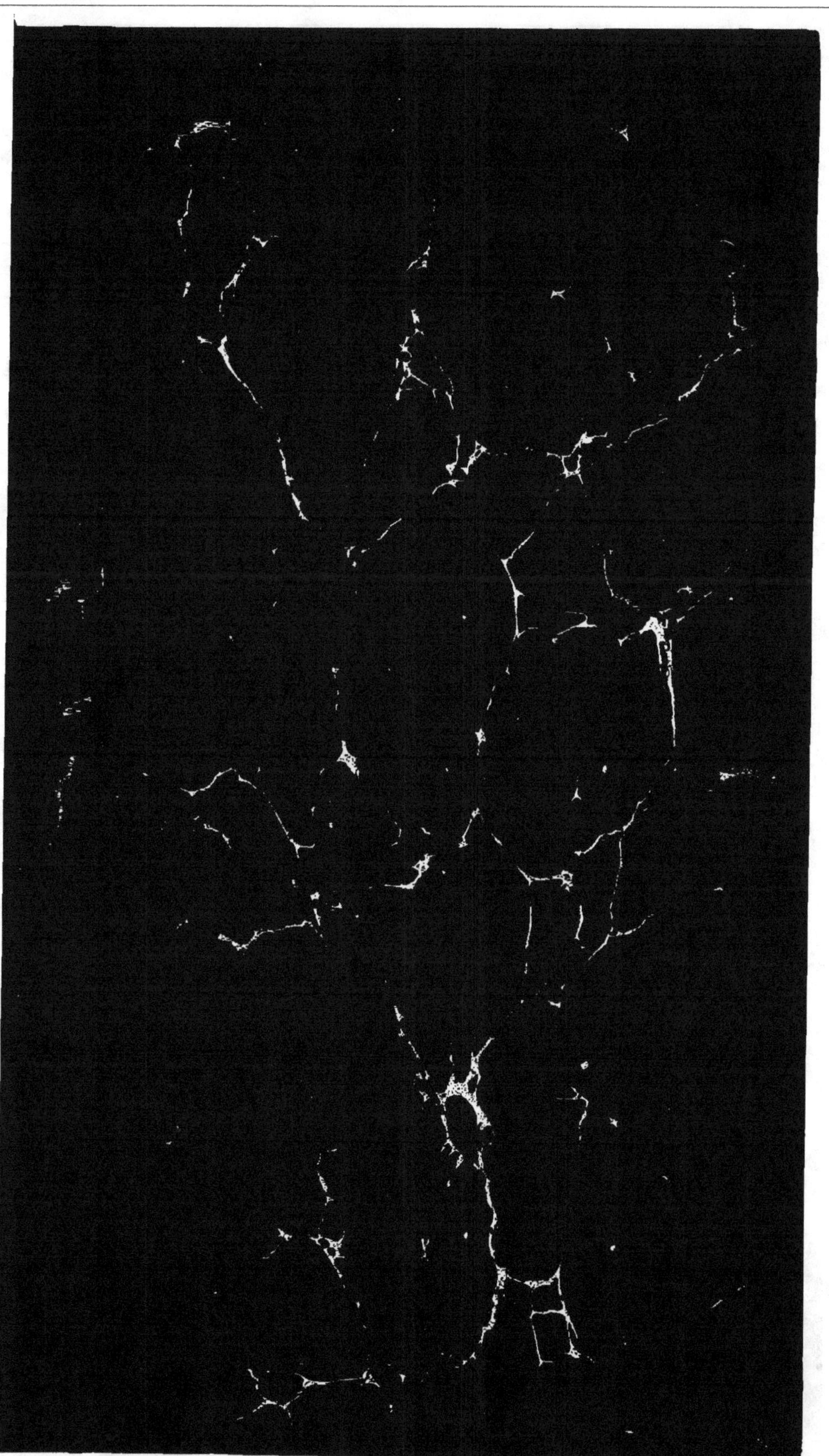

BIBLIOTHEQUE NATIONALE DE FRANCE
3 7531 04125058 1

www.ingramcontent.com/pod-product-compliance
Lightning Source LLC
Chambersburg PA
CBHW072227270326
41930CB00010B/2030

* 9 7 8 2 0 1 9 5 6 4 9 0 2 *